OBSERVATIONS INTIMES

A toi, maman, pour ton soutien sans faille,
même si tu ne comprenais pas toujours
ce que j'écrivais, ce que j'essayais d'exprimer.

© 2024 Brice DUPUY
Édition : BoD - Books on Demand, info@bod.fr
Impression : BoD – Books on Demand,
In de Tarpen 42, Norderstedt (Allemagne)
Impression à la demande
ISBN : 978-2-3224-8102-6
Dépôt légal : Mars 2024

Table des matières

« C'EST icy un livre de bonne foy, lecteur. Il t'advertit dés l'entree, que je ne m'y suis proposé aucune fin, que domestique et privee : je n'y ay eu nulle consideration de ton service, ny de ma gloire : mes forces ne sont pas capables d'un tel dessein. Je l'ay voüé à la commodité particuliere de mes parens et amis : à ce que m'ayans perdu (ce qu'ils ont à faire bien tost) ils y puissent retrouver aucuns traicts de mes conditions et humeurs, et que par ce moyen ils nourrissent plus entiere et plus vifve, la connoissance qu'ils ont eu de moy. Si c'eust esté pour rechercher la faveur du monde, je me fusse paré de beautez empruntees. Je veux qu'on m'y voye en ma façon simple, naturelle et ordinaire, sans estude et artifice: car c'est moy que je peins. Mes defauts s'y liront au vif, mes imperfections et ma forme naïfve, autant que la reverence publique me l'a permis. Que si j'eusse esté parmy ces nations qu'on dit vivre encore souz la douce liberté des premieres loix de nature, je t'asseure que je m'y fusse tres-volontiers peint tout entier, Et tout nud. Ainsi, Lecteur, je suis moy-mesme la matiere de mon livre : ce n'est pas raison que tu employes ton loisir en un subject si frivole et si vain. A Dieu donq. »

De Montaigne, ce 12 de juin 1580

INTRODUCTION

Il est un âge à partir duquel l'individu de l'espèce humaine peut être amené à comprendre qu'en fait il ne sait rien.

Alors, aussi diplômé, décoré, médaillé, reconnu, récompensé, honoré soit-il, il se met à douter. Enfin !

Il est un âge qui cristallise des années d'expériences, de réflexions, de déconvenues, de découvertes, en une humble sagesse : « je ne sais qu'une chose : je ne sais rien ».

Et très vite peut pointer en lui la pensée selon laquelle il devrait en être de même pour chaque être humain. Mais il la refoule, s'interdisant de penser à la place de son prochain, voire de généraliser à toute l'humanité. Il est lui-même la seule matière de son art, ou de son livre s'il se nomme Montaigne. Tout au plus il témoignera de la compassion envers quiconque qui s'enorgueillirait de son savoir, et surtout de *tout savoir*.

Il est un âge à partir duquel l'être humain, qui s'était peut-être barricadé derrière une forteresse de croyances et de prétendus savoirs, voit sa citadelle culturelle s'effondrer, et le savoir dévoiler sa véritable nature : une *'vérité'* relative et contextuelle.

Cet âge, que chaque être humain est pourtant amené à connaître, ne correspond pas à un nombre d'années fixe et universel ; l'individu peut aborder cette phase de doute alors qu'il est encore enfant dans un pays devenu dramatiquement inhumain, ou à l'opposé à la veille de sa mort, comme un éclair de sagesse. Beaucoup de témoignages le confirment.

Certaines traditions évoquent ces deux phases et le passage de l'une à l'autre en utilisant les mots de savoir d'une part, de connaissance d'autre part. Le savoir serait quelque chose qui nous est enseigné de la naissance à l'âge par exemple de quarante ans, quelque chose qui vient de l'extérieur à chacun de nous, alors que la connaissance, dont nous ferions l'expérience plutôt après quarante ans, permettrait d'appréhender la véritable réalité en la vivant de l'intérieur. Il est possible de dire aussi que le savoir est figé à un moment donné, alors que la connaissance est un processus dynamique permanent.

J'ai conscience que tout ceci n'est qu'enfilement de mots, que chacun doit s'efforcer de retrouver l'idée derrière leur enlacement, le trait d'union entre le savoir enseigné et la connaissance… en saignée, le moment de bascule entre *'je sais, je dois savoir, voire je sais* tout' et *'j'ai conscience que je ne sais rien, j'expérimente, je con-nais'*. Que chacun d'entre nous se rassure, le passage a toujours lieu.

Il est donc un âge où l'individu saisit enfin qu'il ne sait rien, que son soi-disant savoir est surtout une juxtaposition de récits, plus ou moins cohérents, toujours contextuels, invérifiables, impersonnels et permettant de lui donner un sens exotérique / extérieur à ce qu'il vit, alors que la connaissance et le chemin spirituel sont des démarches ésotériques, intérieures, personnelles.

Et par voie de conséquence, il est aussi un âge civilisationnel où un ensemble d'individus, une organisation humaine peut ne plus se focaliser uniquement sur le savoir technologique, la jouissance matérielle d'un bien, pour enfin accéder à la connaissance, au bien-être psychologique et spirituel de chacun. Plutôt que de prendre la voie de la société dystopique décrite dans le film 'Divergente', avec ses cinq factions et la naissance d'individus *divergents*, la société actuelle a opté pour une doctrine unique, un sens exotérique unique, à savoir : considérer tout principe spirituel et transcendant comme annexe, vain, voire illusoire, et ramener toute réalité à la matière immanente ainsi qu'à sa jouissance. La société humaine est-elle encore trop jeune ? Disparaîtrons-nous avant de nous apercevoir de notre foncière erreur ?

La thèse défendue ici est la suivante : cet âge, qu'il soit dans la tranche relative à l'adolescence ou proche de la fin de vie, qu'il soit individuel ou sociétal, cet âge correspond à la prise de conscience, par la personne physique ou morale, de ce que sont réellement la conscience et la connaissance, et par extension les limites de son savoir.

Pour une telle prise de conscience, il faut réussir à désapprendre, à déconstruire son système de savoirs ou du moins à le relativiser. L'individu commence à se connaître, à renaître, à vivre en pleine conscience, lorsqu'il commence à douter, à remettre en cause, à décider par lui-même de ses opinions ou de ses actes, à n'accepter aucune idée qu'il ne comprendrait pas et qu'il ne jugerait vraie.

Or être capable de juger vraie l'idée selon laquelle savoir et connaissance recouvrent l'un une dimension générale, impersonnelle et extérieure, l'autre une dimension individuelle, personnelle et intérieure, requiert un travail, du courage, un lâcher-prise. Un travail par exemple sur ce que sont l'*intelligence* d'une part et la *conscience* d'autre part.

Un travail bien-sûr en toute conscience…

La plupart du temps, *conscience* est un terme dont on ne sait plus exactement ce qu'il recouvre. Est-ce de l'*attention* ('*awareness*') ? Faut-il la définir par opposition à tout ce qui est *inconscient* en chacun de nous ? Est-ce le sentiment de n'avoir rien à se reprocher (avoir alors *bonne conscience*) ? Est-ce relatif aux pensées (j'ai *conscience* que …) ?

Je me lance : qu'est-ce qu'être intelligent, qu'est-ce qu'être conscient ? Être *intelligent* c'est, entre autres, être capable de détecter et de comprendre des émotions. Et aujourd'hui, on sait très bien programmer des robots pour détecter et analyser des émotions de manière beaucoup plus fine que ne le font des êtres humains. Être *conscient*, c'est bien autre chose. La conscience, c'est la capacité à éprouver des émotions. C'est la capacité à se constituer comme étant différent des autres, à constituer sa propre identité, au travers des interactions que nous développons avec les autres, au travers des émotions que nous ressentons lors de ces interactions. Emotions que nous intériorisons sous forme de sentiments, par-dessus lesquels nous construisons un système de pensées, et grâce auxquels nous nous con-naissons. Il s'agit donc bien d'apprendre à se connaître.

L'objet de cet essai n'est pas de fournir à nouveau des outils pour apprendre à se connaître (l'acceptation de soi, l'estime de soi ou la méditation en pleine conscience) ; de nombreux ouvrages, très réussis comme ceux de Christophe André, le font bien mieux. Son objet est de me montrer, à travers l'étude de mes observations, que c'est le seul travail qui vaille, que l'essence même de la conscience est cette con-naissance.

Je n'ignore pas que ce travail, c'est-à-dire l'étude de mon fonctionnement intime, psychologique, mental et, ainsi, de ce que pourraient être ma conscience et la conscience en général, est une des choses les plus difficiles qui soit. Quelle approche prendre, quelle méthode choisir ? Philosophique, scientifique, métaphysique ?

Vis-à-vis d'une approche philosophique qui se voudrait trop systématique, le philosophe Henri Bergson nous avise : *« une philosophie trop systématique interpose le problème suivant : avant de chercher la solution, dit-elle, ne faut-il pas savoir comment on la cherchera ? Étudiez le mécanisme de votre pensée, discutez votre connaissance et critiquez votre critique : quand vous serez assurés de la valeur de l'instrument, vous verrez à vous en servir. Hélas ! »* Me faut-il savoir au préalable comment je chercherai la conscience ou faut-il que je me lance dans mes observations, sans méthode ? Puis Bergson enchaîne immédiatement *: « ce moment ne viendra pas. Je ne vois qu'un moyen de savoir jusqu'où l'on peut aller : **c'est de se mettre en route et de marcher**. »*

Par ailleurs, toute approche qui se voudrait cette fois scientifique doit conjuguer à la fois la réflexion, le raisonnement d'une part et l'épreuve de l'expérience, l'expérimentation ou l'observation d'autre part. Je repense au poème d'Allan Edgar Poe, découvert récemment, dans lequel l'auteur s'amuse de l'*étrange idée* qui a été mise dans la tête de tout un chacun : *il n'existerait pour les humains que deux routes praticables conduisant à la Vérité : la philosophie* **déductive** *ou a priori, qui part d'axiomes et conduit à des conséquences, et la méthode* **inductive** *ou a posteriori, qui procède par l'observation et la transforme en lois générales.* Ce que l'on peut résumer ainsi :

- une approche axiomatique, platonicienne, descendante, ou **déductive**, selon laquelle nous acceptons les axiomes ou la Révélation, à partir desquels nous développons les conséquences ;
- une approche expérimentale, aristotélicienne[1], ascendante ou **inductive** qui consiste à extraire des concepts, des lois à partir de l'expérience, des faits.

Il est effectivement étrange que l'on n'en connaisse pas d'autres depuis… Pour ce qui me concerne, je vais surtout procéder selon la seconde approche, inductive et a posteriori, tentant d'extraire des lois générales à partir de mes observations intimes.

Pour avancer dans cette approche expérimentale, pour tirer le vin (la connaissance) de l'ivraie (le savoir, voire l'ignorance), je vais donc m'étudier, m'essayer, comme le fait Michel de Montaigne dans ses *'Essais'*. C'est-à-dire m'observer intimement, de l'intérieur et sans beauté empruntée… Pour Henri Bergson, c'est aussi la meilleure façon d'entamer ce chemin : s'observer, se choisir comme propre matière de l'étude de la conscience et la travailler.

La remarque qui suit prêtera à sourire : s'observer intimement présuppose que l'individu qui s'étudie soit conscient. Des

---

[1] « On reconnaît l'arbre à ses fruits »

philosophes ont étudié cette question avec sérieux. Henri Bergson par exemple, lors d'une conférence, nous défie *'de prouver, par expérience ou par raisonnement, que moi, qui vous parle en ce moment, je sois un être conscient. Je pourrais être un automate ingénieusement construit par la nature, allant, venant, discourant ; les paroles mêmes par lesquelles je me déclare conscient pourraient être prononcées inconsciemment.'* C'est inattendu et déconcertant, mais si l'on y réfléchit bien, le philosophe a raison : chacun d'entre nous ne sait rien dire des autres, à part ce qu'il projette sur eux, par analogie. Je vais donc supposer que je suis conscient, ce que personne d'autre que moi ne pourra prouver ou contredire.

∞∞∞

Alors, qu'est-ce qu'être intelligent / avoir un savoir, qu'est-ce qu'être conscient / chercher la connaissance ? Être *intelligent*, je l'ai dit, c'est être capable de détecter et de comprendre des choses ; être *conscient*, c'est la capacité de les éprouver. Pour aller plus loin dans la compréhension de la conscience, une approche axiomatique et déductive procéderait à des travaux encyclopédiques, à la façon Denis Diderot et Jean d'Alembert, comme la redéfinition de tous les notions gravitant autour de la conscience : *faculté d'attention* d'une part (*'awareness'* en anglais), *conscience* et *inconscience* d'autre part; sans oublier la *conscience d'accès* à une information (selon Stanislas Dehaene du collège de France) et la *pleine conscience*... Des travaux qui embrasseraient l'ensemble des connaissances et des disciplines : philosophie, sciences dures et psychologie. Sans oublier l'ésotérisme ou plutôt les Traditions Anciennes. On y trouverait une définition universelle de *'la prise de* conscience', de *'la conscience d'accès à l'information'*, de *'l'expérience consciente'*, *'des processus mentaux'*, de *'l'information intégrée et conscientisée'*, *'des schémas cognitifs'*, des *'récits'* que l'on se raconte et auxquels on peut être amené à croire, etc.

Une telle encyclopédie n'existe pas. Et si d'ailleurs elle existait, elle nous apporterait du savoir et non de la connaissance, l'approche axiomatique et platonicienne restant au niveau des idées. Je vais néanmoins tenter d'en élaborer une, à partir de l'étude de mes observations intimes, mais elle n'aura pour seule prétention, seule vocation que d'être précisément la mienne.

∞∞∞

Avant de débuter ma marche sur le chemin des observations intimes, je partage un dernier élément de méthode. Pour décrire ce que j'observe et tenter d'en tirer des inductions, je devrai évidemment utiliser des mots, une syntaxe, une grammaire. Mais, comme l'ont déjà formulé des initiés vis-à-vis d'une démarche très similaire : *'Ne prenez pas les mots pour des idées ; efforcez-vous toujours de découvrir l'idée sous le symbole. Vous n'accepterez aucune idée que vous ne compreniez et ne jugiez vraie.'* Sous les mots que je devrai inéluctablement utiliser, je m'efforcerai de découvrir l'idée ou le vécu qui est réellement signifié. Mais malgré le soin que j'apporterai à bien les choisir, mes mots pourraient encore trahir les émotions qui me traversent par ailleurs, les préjugés que je n'ai pas encore pu effacer ou mon attachement à tel ou tel système de pensées. Les mots sont réducteurs.

Néanmoins écrire ses observations reste un sain exercice, de toute façon. Avec ou sans dévoilement d'une réalité plus profonde.

Trêve de mots introductifs derrière lesquels l'idée reste à découvrir, suspension de précautions qui ne concernent que le savoir, tout mon propos jusqu'à présent était encore relatif à ce dernier (un savoir) et non à la connaissance. Il est temps de m'observer maintenant.

Pour ce faire, je décide d'avoir auprès de moi un *carnet* et d'y noter le fil de mes perceptions, émotions et pensées. Je m'exécute aussitôt, posant un *carnet* vierge à proximité du clavier de l'ordinateur.

(I)

JE est CONSCIENT

De la conscience et de l'inconscience,

du sommeil paradoxal,

et de ce que ma conscience peut contrôler.

Ce que mon cerveau me donne à voir...

Je suis assis devant mon ordinateur, dans la pièce bleue ; vous l'êtes probablement aussi, sur une chaise ou dans un fauteuil, en train de me lire. Mes trois ou quatre doigts tapent vigoureusement sur les touches du clavier, les vôtres probablement tournent les pages ou cliquent sur l'écran de votre tablette. Mes mâchoires se desserrent légèrement, petit-à-petit déchargées du stress lié à l'exercice d'écriture. Je fais une pause et pousse une respiration lente, abdominale... Je sens alors en moi cette respiration régulière, profonde, infaillible, intarissable...

Sentez-vous aussi la vôtre ?

J'entends alors Allan Poe me souffler : « *c'est avec une humilité non affectée, c'est même avec un sentiment d'effroi, que j'écris la phrase d'ouverture de cet ouvrage ; car de tous les sujets imaginables, celui que j'offre au lecteur est le plus solennel, le plus vaste, le plus difficile, Le plus auguste...* » Moi aussi, cher Allan, c'est avec une humilité non affectée que j'entame ces observations. Où vont-elles me mener ? Vais-je réussir ? Le sujet que je m'offre et que je vous offre par là-même est ... moi-même.

En ce jour d'avril 2023, je décide donc de me lancer dans la même entreprise d'introspection qu'ont déjà menée d'illustres penseurs philosophes comme Michel de Montaigne, René Descartes, Henri Bergson, Allan Poe ou plus récemment Daniel Bennett : étudier expérimentalement ce qu'est la conscience, à partir du seul sujet à ma disposition, moi-même ; me livrer à des observations intimes...

∞∞∞∞

Déjà j'observe (au présent de l'indicatif) une perception : je ne réussis pas à taper sur les touches aussi rapidement que je le souhaiterais, mes pensées affluent à une trop grande vitesse. Je ne m'en m'émeus pas ; je l'observe, c'est tout.

Ce faisant, c'est-à-dire remarquant le léger retard entre mes activités cérébrales et digitales, j'observe aussi qu'à cet instant précis, ma conscience ne cherche ni à retenir un événement du passé, ni à anticiper sur ce qui n'est pas encore : elle est focalisée sur le moment présent.

Henri Bergson a écrit dans *'L'énergie spirituelle'* que « *la conscience signifie d'abord mémoire ; conservation et accumulation du passé dans le présent […]. Retenir ce qui n'est déjà plus et anticiper sur ce qui n'est pas encore, voilà la première fonction de la conscience. Il n'y aurait pas pour elle de présent, si le présent se réduisait à l'instant mathématique.* »

Certes, *"retenir ce qui n'est déjà plus est la première fonction de la conscience"* (Bergson) et *"mes affections m'emportent [aussi] au-delà de moi"* (Montaigne), mais contrairement à ce qu'en disent ces deux philosophes … mon présent conscient semble bien plus épais que ces derniers ne le suggèrent. Plus épais que l'instant t, défini en mathématiques. Oui, je pense que l'instant présent peut prendre une épaisseur. Une épaisseur qui enfle lorsque je suis pleinement présent, et qui désenfle lorsque je suis happé par mon quotidien. N'est-ce pas déjà une énorme découverte personnelle ? Je l'écris dans mon encyclopédie :

Encyclopédie : le PRÉSENT

Le présent conscient semble avoir une épaisseur, toute personnelle ou subjective. *Une épaisseur qui enfle lorsque l'on est pleinement présent, et qui désenfle lorsque l'on est happé par son quotidien.*

Puis mon esprit se concentre, précisément dans son épais présent, sur l'ordonnancement des pensées qui continuent de jaillir ; il les couche sur le papier, dans mon *carnet*, d'abord pour les identifier, peut-être aussi pour en assagir le flux :

Benjamin, mon fils aîné, vient de m'informer qu'il ferait le voyage cet été pour ses 30 ans ! Je suis si heureux de pouvoir alors lui préparer une petite fête à cette occasion.

Les céphalées de tension réapparaissent depuis quelques jours ; il me faudra veiller à reprendre du CBT.

Le temps de ce week-end permettra peut-être une randonnée avec Claire dans la région.

Claire et moi envisageons à nouveau d'adopter un chien, un chien abandonné ou en errance...

Pendant ce temps, votre esprit était probablement occupé à lire ce qui était écrit, tout en observant, peut-être, les autres perceptions, émotions ou pensées qui toquent à la porte de votre conscience : un chat vient ronronner à vos côtés, réclamant de l'attention ; un enfant joue, assis à vos côtés ; une tasse de thé fume légèrement, embaumant la pièce ...

Observer le fil de ses pensées est fascinant, c'est du moins mon constat. Elles courent comme des lapins, elles sautent du coq à l'âne, elles bavardent comme des pies. Parfois je suis l'objet d'une d'entre elles, *je* pense alors à *moi*. Ainsi je me rends à nouveau compte que *je* peux être (ou *JE* peut être) tour à tour l'objet ou le sujet, l'observé ou l'observateur, le pensé ou le penseur, le contenu ou le contenant.

Dans un tel contexte, qu'est-ce que je peux vraiment nommer '*je*' et '*moi*' ?

Encyclopédie : OBSERVÉ et OBSERVATEUR

L'observateur est le sujet, celui qui est conscient de quelque chose (ici une information, une pensée). L'observé est l'objet, il est l'information conscientisée.

Que sont 'je' et 'moi' dans tout ça ?

∞∞∞

Mon esprit bifurque, sans s'en rendre compte[2], vers la vision du verre devant lui, c'est-à-dire devant moi. *Je* fais alors, consciemment ou non, l'expérience de la visualisation : l'image du verre est reconstituée dans mon lobe occipital à partir des informations visuelles reçues par les deux yeux et leurs canaux optiques.

La sensation visuelle de sa diaphanéité, la sensation olfactive du citron qui accompagne le peu de bulles qui éclatent encore sont constitutifs de *mon état conscient*, de que l'on nomme également une *expérience consciente*. Il est dit que cet état est doté de *qualia*[3] : ce sont les qualités spécifiques ressenties lors d'un épisode mental comme celui-ci. Les qualia déterminent l'effet que cela fait pour un être conscient (vous, moi) d'être dans cet état. Et c'est vrai, le phénomène que j'observe en moi est qualitativement différent lorsque je vois du rouge, du bleu ou ici un objet translucide, bien que l'on ne sache toujours pas comment l'expérience des couleurs émerge lors du traitement des ondes lumineuses par mon cerveau... Je vis aussi une expérience phénoménologique différente lorsque je sens du jasmin, du poivre ou ici encore un zeste de citron.

Une image en appelle une autre ! Je me souviens alors des travaux d'un chercheur en psychologie[4] qui, pour décrire le phénomène de qualia, ne prenait pas l'image d'un verre mais le célèbre tableau '*la trahison des images*' de René Magritte :

---

[2] Mais sans en rendre compte à qui ?!?
[3] http://pacherie.free.fr/COURS/DEA/qualia.html
[4] Kevin O' Regan

Ceci n'est pas une pipe.

Aussi réaliste que soit une image ou ce tableau, je **sais,** René Magritte me fait **savoir** que c'est une image, une peinture. Son intention est de montrer que, même peinte de la manière la plus réaliste qui soit, une pipe représentée dans un tableau n'est pas une pipe. Elle ne reste qu'une image de pipe qu'on ne peut ni bourrer, ni fumer, comme on le ferait avec une vraie pipe. C'est une représentation et non l'objet lui-même…

Cependant ce que notre cerveau nous donne à voir de notre environnement, que ce soit une vraie pipe que je peux bourrer, fumer ou le tableau réaliste de Magritte, est aussi une interprétation de la Réalité et non cette Réalité. Où se situe donc la différence entre la représentation picturale de René Magritte et celle que mon cerveau génèrerait à la vue d'une véritable pipe ?

Peut-être dans les qualia justement. La qualité de perception d'une *simple* image reflète probablement l'aspect **statique et ponctuel** de l'objet, alors que la qualité de mes perceptions sensorielles devant le véritable objet dans son environnement est probablement plus **dynamique, globale, intégrée** et étendue à tout l'espace-temps.

Peut-être…

Dans tous les cas, je constate deux choses :

- je peux consciemment vivre l' **'effet** *que ça fait **pour moi'*[5] de visualiser un verre translucide dans lequel de l'eau à bulles inlassablement pétille ; je vis alors l'expérience **phénoménale** d'« *effectivement le visualiser* » ;

- le sujet, l'observateur ou l'être conscient que je suis peut aussi être dans l'état conscient correspondant à la **cognition**, au savoir, aux pensées (par exemple : la pensée « *je suis en train de visualiser un verre* »).

Ce sont deux états conscients semble-t-il différents ; entre les deux, certains parlent même de « fossé d'explication[6]. Je n'ai pas encore saisi s'ils étaient exclusifs ou inclusifs. Puis-je être dans un état conscient **cognitif et phénoménal**[7] ? Je ne sais pas (encore) mais je sais faire l'expérience de leur différence : penser que je suis en train de visualiser un verre et ressentir l'effet waouh lors de la visualisation de sa translucidité sont bien deux vécus différents.

∞∞∞∞

Plus généralement, quels sont les prérequis de la conscience : faut-il être capable d'avoir conscience de soi-même pour être conscient ? Ai-je conscience uniquement de ce sur quoi je

---

[5] 'Something it is like' chez nos amis anglophones.

[6] J. Levine, '*Materialism and qualia : the explanatory gap* », 1983.

[7] J'ai ma petite idée là-dessus, mais je la proposerai en temps voulu, pour ne pas alourdir le propos. Contrairement à la thèse défendue par certains, il apparaît que les *qualia* sont accessibles à une connaissance objective et sont étroitement associés aux composantes cognitives des représentations conscientes.

porte mon attention ? Je note vite ces pensées dans le vestibule de mes questions :

Vestibule : pensées #1 et #2

« *Peut-on être dans un état conscient cognitif **et** phénoménal ?* »

« *Ai-je conscience uniquement de ce sur quoi je porte mon attention ?* »

Comme mon esprit a besoin d'un raccourci pour désigner plus rapidement les états mentaux, je nomme, c'est-à-dire j'active la pensée consciente d'associer un nom, ξ, à l'état de conscience cognitive et un autre, ψ, l'état de conscience phénoménale. [8]

Par ailleurs je ressens le besoin de synthétiser le tout sous la forme d'une figure : les objets mentaux que je me représente sont par exemple le verre devant moi, le tableau de Magritte ou moi-même, en tant qu'observé ; les états mentaux sont ceux relatifs aux processus inconscients, à mon expérience cognitive ξ ou à mon vécu phénoménal et subjectif ψ.

---

[8] Ne pas les nommer D et G pour cerveau droit et cerveau gauche ; cette distinction est un mythe.

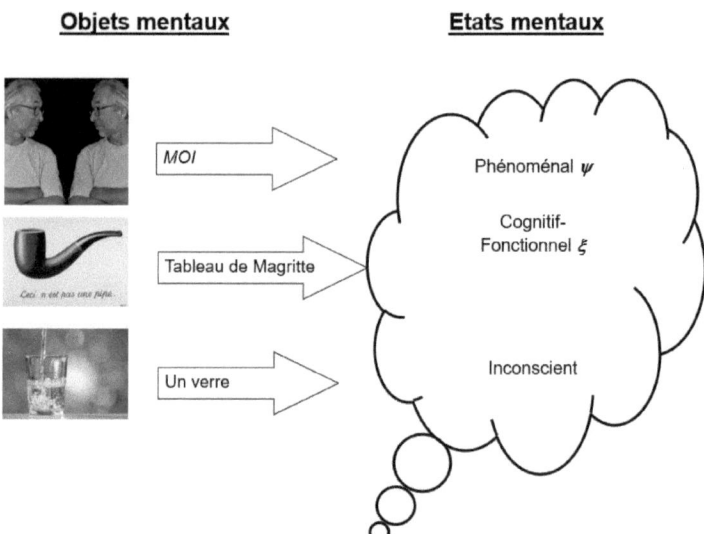

Quand je suis conscient d'être conscient, la représentation ou l'objet mental dans ce cas est … **moi, l'observé, l'objet de complément direct**. Quand l'objet mental est autre, je suis le **sujet, l'observateur.** Je transcris tout ceci, cette fois dans mon encyclopédie :

Encyclopédie : OBSERVÉ et OBSERVATEUR

L'observateur est le sujet, celui qui est conscient de quelque chose (ici une information, une pensée). L'observé est l'objet, il est l'information conscientisée.

Que sont 'JE' et 'MOI' dans tout ça ? 'JE' est le sujet-observateur ; 'MOI' est l'objet observé.

L'observateur peut être inconscient ou dans deux états conscients différents : celui de la pensée, du raisonnement, de

---

la cognition (état ξ) et celui de l'expérience phénoménologique (état ψ).

En écrivant, une autre pensée vient toquer à la porte des candidates pour l'entrée dans l'espace conscient : « *est-ce que ces deux types d'état conscient - ξ et ψ - ne seraient pas liés aussi à la distinction entre 'savoir' et 'connaissance' ?* » L'observateur ou l'être conscient que je prétends être dépose aussi cette dernière dans le vestibule ou le parloir. La pensée visiteuse mérite peut-être un traitement ultérieur.

Vestibule : pensée #3 « *Est-ce que ces deux états conscients différents - ξ et ψ - ne seraient pas liés aussi à la distinction entre 'savoir' et 'connaissance' ?* »[9]

∞∞∞

Mon attention revient sur le verre devant *moi*. Cette fois, *je* me rends compte que j'aimerais que ce récipient soit davantage rempli. Aurais-*je* soif ? *Mon* expérience consciente en est alors à nouveau modifiée : *je* ne suis plus dans le ressenti pur ou phénoménologique, mais dans la réflexion, le raisonnement intellectuel. Est-ce que la visualisation du verre vide a précédé la sensation de soif ou est-ce que la soif a pris contrôle de

---

[9] Kitaro Nishida propose de « *ne pas considérer que la connaissance va chercher son objet, mais [de] déposer toute quête d'objet pour ne plus être que dans l'expérience pure, la présence, les choses telles qu'elles apparaissent.* »

l'attention et dirigé le regard vers le récipient vide. Comment le savoir ?

Quoi qu'il en soit, cette observation vient confirmer que *ma* conscience, *mes* états conscients sont capables d'osciller entre des expériences phénoménologiques conscientes (ici le phénomène de visualisation du verre translucide) et des expériences de réflexions, de pensées (ici pour savoir si j'ai soif). Tout comme elle confirme que les critères physiologiques ou les raisons psychiques qui conduisent à orienter l'attention vers des états de type ξ ou ψ me sont inconnues.

Je me lève, saisis le verre vide, le remplis d'eau puis *me* désaltère. La sensation du liquide frais qui rafraichit les muqueuses à son passage est une expérience indicible. Je reste quelques secondes dans l'état phénoménologique que j'ai résumé par un ψ, avant de retrouver ma plume ou le clavier et de reprendre l'état conscient ξ d'écriture et d'étude. A nouveau mon présent s'épaissit, d'une manière incommensurable.

$$\infty\infty\infty$$

Je note qu'à ce stade j'ai déjà pu faire quelques découvertes à propos de ma conscience. Il est temps de les confronter une première fois aux expériences ou réflexions des autres.

J'ai lu quelque part que les deux facettes de la conscience dont j'ai peut-être fait l'expérience avec le verre devant moi auraient pour nom[10] la *conscience phénoménale* d'une part (l'expérience consciente de visualisation du verre) et la

---

[10] Thomas Nagel (1974) et Ned Block (1995)

conscience d'accès ou *cognitive-fonctionnelle* d'autre part (la réflexion, les pensées discursives).

Selon ces chercheurs de la psyché, l'état de conscience selon le premier sens est une *expérience* : un état intérieur qui se caractérise par un certain « ressenti » subjectif ; un état de conscience selon le second sens est une représentation *accessible* au sujet.

Ainsi, la conscience d'accès est la conscience qui nous permet d'agir rationnellement ; elle a pour fonction de nous faire accéder aux comportements conscients, aux activités volontaires et intellectuelles en général, à ce qui est « directement *disponible pour un contrôle global.* » La valeur fonctionnelle de cette conscience d'accès n'est pas d'être l'état de cognition le plus élevé d'un système intelligent quelconque ; elle tient au fait que sa caractéristique fondamentale – l'intégration des données particulières de la situation dans des structures cognitives - est d'une importance particulière pour un organisme vivant.

L'exemple que Ned Block prend pour décrire cette distinction est le suivant (je fais une recherche sur Internet pour le formuler correctement) : « *j'entends une tondeuse à gazon dehors **[mais je n'en suis pas véritablement conscient]** ; sans m'en rendre compte je me mets à parler plus fort. Plus tard, à un moment donné, je m'en rends compte **[j'en prends vraiment conscience]** alors je raisonne et décide d'aller fermer la fenêtre.* » Lors de cette expérience phénoménale, l'information de présence de la tondeuse à gazon dès le départ est là, mais j'en prends véritablement conscience au moment où je décide de fermer la fenêtre, au moment où je dépose cette information dans ma conscience d'accès.

S'agit-il de la même distinction que celle observée devant mon verre vide, quand j'ai fait l'expérience de sa diaphanéité phénoménale et de son effet sur moi, ou quand j'en ai eu une expérience cognitive en pensant « cet objet est un verre et il est incroyablement diaphane » ?

Cette notion d'expérience phénoménale est difficile à transcrire avec des mots. J'ai l'impression qu'elle advient quand JE lâche prise, que JE me laisse faire, que JE suis tout à ce que je vis, au présent.

Je décide de faire une pause et d'aller faire de l'exercice.

∞∞∞

J'enfourche le vélo pour rejoindre une des pistes cyclables de la ville puis le parc aménagé à cette fin. Après de bons coups de pédale et la sensation de liberté retrouvée, la pensée de tout à l'heure revient à moi, alors que je suis bien en selle : sur le trajet, des travaux m'ont dévié de ma route habituelle, sans que j'en prenne véritablement conscience ; c'est au retour que ma conscience d'accès a mis à nouveau cette information sur le devant de mon champ de conscience. Peut-être pour me signifier un danger ou pour que je la mémorise plus explicitement.

Toujours sur mon bicycle, je saisis que j'ai à nouveau vécu deux expériences conscientes effectivement différentes : celle des qualia pendant laquelle je ressentais « *l'effet que cela fait sur moi* » de faire du vélo, et celle de la pensée raisonnante. Il semble réellement exister deux types d'états conscients : les états ξ caractérisant par exemple la *conscience d'accès* de Ned Block et les états ψ liés à l'expérience ou la *conscience phénoménale*. Et à nouveau j'observe que le passage d'un état conscient à l'autre a peut-être eu lieu sans délibération explicite, consciente et volontaire.

∞∞∞

Une fois rentré, je rejoins mon bureau (la chambre bleue), je saisis le verre pour le remplir, puis j'ingère son contenu. C'est comme une madeleine, pour Marcel Proust ; il s'ensuit une fois de plus cette expérience consciente et probablement indescriptible, déclenchée chaque fois que je bois une eau fraîche qui rafraîchit tout sur son passage.

Puis le phénoménal cède alors la place au cognitif, je m'adonne à nouveau à mes pensées... Puisqu'entre vous et moi, il existe une ressemblance extérieure évidente, je m'autorise à conclure, par analogie, à une similitude interne : chacun d'entre nous vit donc de telles expériences phénoménales, que ce soit devant la beauté d'un arc-en-ciel, en écoutant une œuvre symphonique magistrale, ou en dégustant un authentique chardonnay fruité, aux arômes gourmands. Mais toute description de ces expériences phénoménales est vaine, tant pour vous que pour moi. Comme le serait la tentative d'une chauve-souris[11] de décrire ses expériences conscientes ; ces dernières me seraient inaccessibles parce que mon type d'être, celui de l'espèce humaine, diffère radicalement de celui d'une chauve-souris.

---

[11] *'Quel effet cela fait-il d'être une chauve-souris ?'* (*'What is it like to be a bat?'*) est un article du philosophe Thomas Nagel écrit en octobre 197.

Je peux, nous pouvons plus facilement formuler ce qui se passe lors de nos états conscients permettant la pensée, la réflexion ou le raisonnement (les états ξ, la conscience cognitive) que ce que cela fait d'être phénoménalement conscient (les états ψ, la conscience phénoménale). Et il est possible que quelque chose en moi ait le pouvoir de délibérément changer de focus, d'orienter mon attention.

Bien que j'en connaisse les risques, je décide de continuer d'associer des noms à tout ça :

1. si *quelque chose en moi* a le pouvoir d'orienter délibérément mon attention ou ma conscience vers tel état conscient plutôt que tel autre, cette faculté sera alors dénommée **JEFE**[12].

2. Quand je fais une expérience phénoménologique consciente ψ (je perçois l'effet que cela fait d'être conscient) ou quand j'utilise ma conscience cognitive ξ (je raisonne), les états conscients associés sont ceux du **JE**[13].

Comme Confucius disait qu'une image vaut mille mots, j'en fais même une esquisse. Si dans le champ de conscience du JE, se trouvent la conscience qui permet d'accéder à la cognition et au contrôle de mes fonctions physiologiques d'une part (« Ce que je vois est un verre »),

---

[12] JEFE signifie 'Chef' en espagnol. Et c'est un tétragramme… ☺
[13] Et non du MOI qui est l'observé, l'objet.

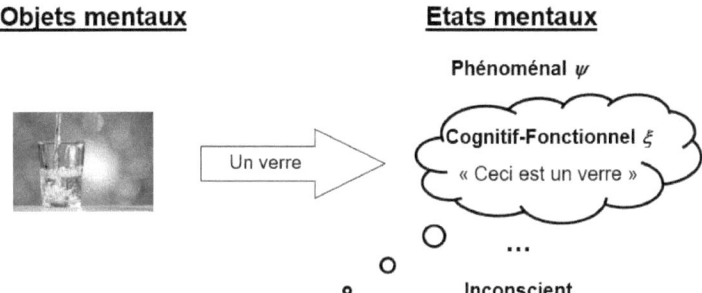

et l'expérience phénoménologique d'autre part (l'effet que cela fait pour moi de boire consciemment une eau fraîche)...

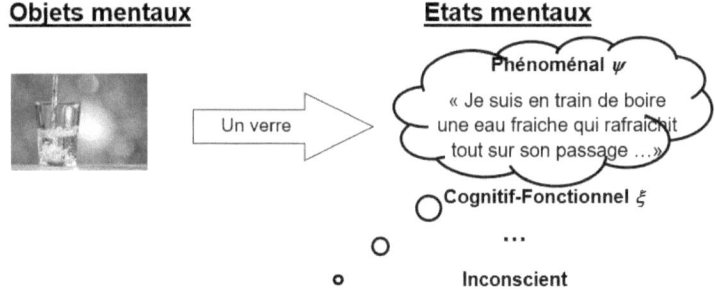

JEFE, s'il existe, serait un peu comme le curseur de l'attention : *JE* vis une expérience phénoménale ou une expérience cognitive.

Encyclopédie : l'INCONSCIENT, *JE* et *JEFE*

La majorité des processus mentaux sont INCONSCIENTS.

Quand *JE* fais une expérience phénoménologique consciente ψ (je perçois l'effet que cela fait d'être conscient) ou quand J'utilise ma conscience d'accès ξ (je raisonne), les états conscients associés sont ceux du *JE*.

> Si quelque chose en moi a le pouvoir d'orienter délibérément mon attention sur telle image mentale plutôt que telle autre, cette faculté sera dénommée *JEFE*.

Je me lève pour me rendre dans notre salle de bains. A la vue de mon reflet, je me surprends à ironiser : « *miroir, mon gentil miroir, qui est la plus belle conscience de mon royaume intérieur ? La conscience d'accès avec ses pensées, ou la conscience phénoménologique avec ses qualia ?*»

Je fais un peu d'esprit, parce que je dois reconnaître que ces premières observations conduisant à identifier deux types d'états dans le *JE* et un *JEFE* potentiellement aux commandes m'embrouillent, me perturbent même...

Vis-je vraiment deux types d'expérience consciente ? En essayant de les revivre, finalement je n'en ai plus trop l'impression. Et ce JEFE, cette faculté d'orienter délibérément l'attention existe-t-elle vraiment ?

Mes observations du jour

Benjamin, mon fils aîné, vient de m'informer qu'il ferait le voyage cet été pour ses 30 ans ! Je suis si heureux de pouvoir alors lui préparer une petite fête à cette occasion.

Les céphalées de tension réapparaissent depuis quelques jours ; il me faudra veiller à reprendre du CBT.

Le temps de ce week-end permettra peut-être une randonnée avec Claire dans la région.

Claire et moi envisageons à nouveau d'adopter un chien, un chien abandonné ou en errance...

Vestibule

Pensées #1 et #2

« Peut-on être dans un état conscient cognitif **et** phénoménal ? »

« Ai-je conscience uniquement de ce sur quoi je porte mon attention ? »

Pensée #3

« Est-ce que ces deux états conscients différents - ξ et ψ - ne seraient pas liés aussi à la distinction entre 'savoir' et 'connaissance' ? »

Ce que le voyage de la nuit m'apporte...

Je sors des nimbes ; la lumière du jour est déjà présente et projette ses rayons à travers les ajours des volets. J'ignore quelle heure il peut être.

J'ai entrepris depuis deux ou trois jours de m'observer et de noter ce qui me passe par la tête ; ce matin je commence alors par remarquer qu'il y a encore quelques minutes mon esprit était plongé dans un rêve, dont quelques brides me parviennent de façon très floue. Bien qu'aujourd'hui reste encore mon jour préféré, je décide de déroger au rituel du petit-déjeuner-avant-toute-chose, pour saisir le carnet, un stylo-bille et tout de suite noter : mon dernier rêve concernait *un problème de mathématiques qu'il fallait modéliser puis programmer, en utilisant des interfaces programmatives toutes faites (des API)* ! Quel charabia, je vous l'accorde. Pourquoi faire encore de tels rêves, à mon âge ? Heureusement mon esprit s'est éveillé depuis. Peut-être d'ailleurs pour échapper à la résolution du problème !

J'ai bien conscience que mon état pendant les phases du sommeil et celui lorsque je suis éveillé sont bien différents (là, c'est la conscience d'accès qui 'parle' !). Il est dit que l'activité intense du cerveau, lorsqu'il est éveillé, nécessite tellement d'énergie et génère tellement de déchets métaboliques qu'il ne peut pas rester indéfiniment dans un tel état d'activation. Il doit se reposer, ralentir et même effectuer un nettoyage. Ce changement d'activité est ce qu'on appelle bien-sûr le sommeil.

Au passage, je fais aussi le constat suivant : le raisonnement que mon esprit vient de suivre n'est relatif ni au passé, ni au futur, mais exprime un fait qui est toujours vrai, qui n'est pas lié à un moment précis. Si la conscience phénoménale épaissit le présent du vécu, la conscience d'accès traite, elle, de ce qui est appelé le présent de vérité générale. Présent de vécu général pour l'une et présent de vérité générale pour l'autre !

Revenons à l'observation de ce qui s'est passé pendant mon sommeil en particulier et à la possibilité ou non d'en tirer des lois, une analyse pertinente. Dans ma démarche, viendrait donc le besoin d'introduire un troisième état de conscience pour décrire cette phase, si tant est qu'elle puisse porter le qualificatif 'conscient' : primo l'état conscient cognitif et fonctionnel, secundo l'état de conscience phénoménologique, et tertio ce qui se passe pendant la partie dite paradoxale du sommeil.

Etats mentaux

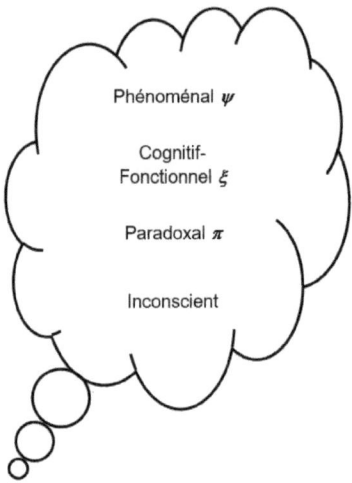

Phénoménal ψ

Cognitif-
Fonctionnel ξ

Paradoxal π

Inconscient

Pour en savoir plus, je consulte Internet : étais-je conscient pendant mon dernier sommeil ? La toile me répond : « *le sommeil s'accompagne d'une réduction de notre conscience du monde extérieur et de nous-mêmes. L'équipe [] du directeur de recherche Inserm du laboratoire d'imagerie fonctionnelle a montré que, lors du sommeil lent, l'activité du cerveau se réorganise en des réseaux qui communiquent moins intensément que durant l'éveil. Le sommeil lent profond est un état durant lequel notre conscience du monde extérieur et de nous-mêmes est considérablement réduite. Pourtant, les neurones qui composent notre cerveau sont toujours très actifs lors de cette phase. La conscience n'est donc pas simplement liée à l'activité du cerveau mais plutôt à sa capacité de traiter l'information.* »

Puis le couperet tombe : « *nous suggérons que la modification des échanges d'informations entre régions cérébrales [pendant la phase de sommeil] diminuerait la capacité du cerveau à générer une représentation unifiée de soi et du monde extérieur* ». Le niveau de conscience pendant les rêves semble donc relativement faible.

Si j'ai eu besoin d'introduire un troisième degré de conscience (le sommeil paradoxal et son niveau de conscience π), certains chercheurs en proposent effectivement trois aussi, mais selon la classification suivante : nos trois niveaux de conscience seraient le subconscient (lors du sommeil paradoxal), le conscient et le superconscient à l'occasion de nos intuitions ou plus généralement des moments de clarté mentale accrue ; chaque niveau de conscience représenterait un degré différent d'intensité de conscience.

Encyclopédie : DEGRES d'INTENSITE de CONSCIENCE

Quand je fais une expérience phénoménologique consciente ψ (je perçois l'effet que cela fait d'être conscient) ou quand j'utilise ma conscience d'accès ξ, les états conscients associés sont ceux du JE. Ces états conscients ont peut-être différents degrés d'INTENSITE.

Au passage, je dépose une quatrième idée dans le vestibule des pensées à traiter un jour :

> « *Est-ce que la conscience phénoménologique serait aussi un état superconscient, à la clarté mentale accrue ?* »

Cette réflexion en appelle un autre : je me dis que la conscience est peut-être donnée à tous, qu'elle est peut-être uniformément répartie dans l'espace, s'exerçant alors à des degrés divers en fonction du substrat qui l'a fait ex-ister[14]. Un cerveau d'être humain à l'état de veille permet certainement de libérer une intensité d'attention ou de conscience plus élevée que l'organisme primitif et sans cerveau d'une amibe, mais la faculté reste commune aux deux. A des niveaux différents[15]...

C'est alors que mon attention – à moins que ce soit JEFE - oriente mon regard extérieur vers l'éclairage de la pièce, comme pour inviter ma conscience cognitive à la comparaison qui suit : « *c'est un peu comme les différentes technologies d'éclairage ; l'intensité lumineuse d'une lampe à incandescence consommant 25W est généralement de 300 lumens, alors que celle d'une LED consommant 19W peut atteindre les 1900 lumens.* » C'est vrai... Et comme pour l'éclairage, une fois connu le degré d'expression de la conscience (celui de l'organisme primitif d'une amibe ou celui du cerveau de l'être humain à l'état de veille), l'intensité

---

[14] Ex- ister : sortir de (ex-) l'état stable (sistere)
[15] « *L'homme se situe à mi-chemin entre les âmes des plantes et les âmes des étoiles, qui sont des anges"*, Gustav Fechner.

d'attention consciente correspondante a une valeur relativement stable. Par exemple lorsque je suis dans l'état de veille comme actuellement, je ne suis pas capable de livrer une intensité d'attention plus élevée sur une représentation mentale et moins élevée sur une autre ; je l'exerce dans les deux cas avec la même intensité.

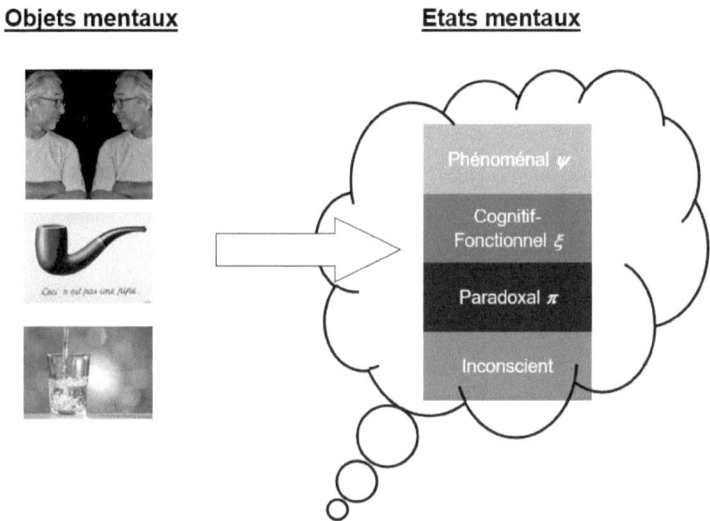

Objets mentaux **Etats mentaux**

Sur ces mots, je ressens le besoin non pas de baisser mon intensité d'attention – je ne me sens pas encore fatigué ! – mais d'orienter ma conscience sur d'autres activités mentales conscientes.

Mes observations du jour ou de la nuit

Rêve : un problème de mathématiques qu'il fallait modéliser puis programmer, en utilisant des interfaces programmatives toutes faites (des API) !

Les images mentales de mon cerveau...

Quand on n'est ni moine bouddhiste, ni écrivain essayiste, ni ancien salarié à la retraite de toute activité, se donner du temps pour s'observer peut relever de la gageure. Il faudra probablement que je m'alloue un créneau dédié à cet exercice. En attendant, j'écris ce que j'observe dès mon réveil :

« Les bruits de la rue, le passage irrégulier des véhicules montent jusqu'à moi. »

« Ce qui est cuisiné pour le déjeuner à l'étage du dessous envoie une odeur de pain chaud. »

« La couleur bleue de la pièce est apaisante. »

« Notre chatte Agathe vient se frôler à mes jambes. »

« Vais-je réussir à terminer cet article pour l'échéance prévue ? »

Chaque minute de l'état éveillé, chaque seconde même, mon esprit recueille une somme phénoménale d'informations. Comment sont-elles triées ? Elles sont toutes traitées localement, par tel ou tel lobe spécialisé : celui dévolu à la perception visuelle, celui permettant la locution ou celui spécialisé dans le mouvement. Mais quelle partie de moi décide de rendre 'consciente' telle représentation plutôt que telle autre ? Pourquoi les bruits de la rue arrivaient-ils en *moi*, inconsciemment, jusqu'à ce que *quelque chose en moi* décide de les observer et de noter leur existence ?

Ces représentations déjà reçues par *moi* de façon inconsciente, comme la forme et la couleur des objets qui m'entourent ou les sons qui me parviennent, deviennent-elles conscientes ... parce qu'elles correspondent à un danger dont il faut *m'*avertir ? Ou parce que *je* décide délibérément, en pleine conscience, de poser *mon* attention sur elles ? Parce qu'elles contribuent à l'expérience consciente subjective et phénoménologique dans laquelle j'ai décidé de me plonger ?

Aucun de nous – à l'exception peut-être des personnes souffrant d'hypermnésie - n'a évidemment et heureusement (!) *conscience* des milliers ou millions d'informations que notre cerveau traite par seconde et dont certaines seulement sont conscientisées. Selon quels critères le sont-elles ? Impossible à savoir, n'est-ce pas ?

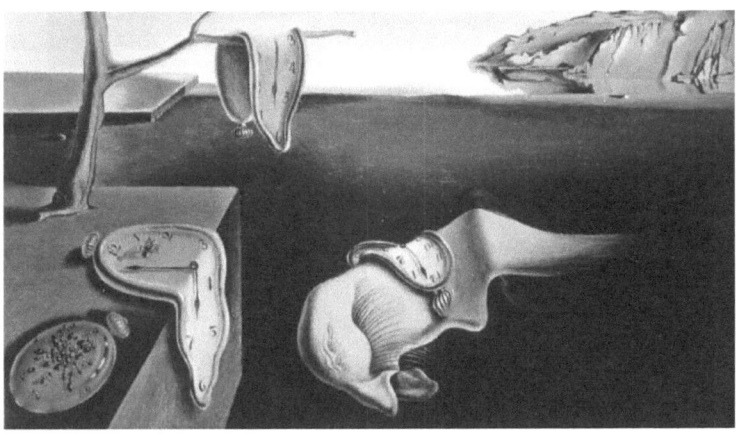

Il est dit que les représentations inconscientes sont traitées par les processus mentaux ... non conscients (désolé pour la tautologie !) et que certaines d'entre elles deviennent conscientes lorsqu'elles accèdent à l'espace de travail 'global' (ou espace de la conscience d'accès), partagé par tous les processus et espaces de travail locaux. Formulé autrement, les représentations cognitives-fonctionnelles correspondant aux *bruits de la rue, le passage irrégulier des véhicules,* à *ce qui est cuisiné pour le déjeuner à l'étage du dessous,* ou à *la couleur bleue de la pièce* parviennent dans les antichambres de mon cerveau, puis quelque chose les fait accéder au salon de réception globale ou l'Espace de Travail Global (ETG)[16] ...

Encyclopédie / ESPACE de TRAVAIL GLOBAL (ETG)

L'espace de travail global (ETG) est un espace partagé par tous les processus mentaux i) inconscients et ii) conscients **cognitifs-fonctionnels**.

Encyclopédie / REPRESENTATION INCONSCIENTE

Une REPRESENTATION inconsciente est traitée par des processus mentaux non conscients, en dehors donc de l'espace de travail global partagé. Par exemple, la forme des objets qui m'entourent, les sons et le bruit ambiant qui me parviennent correspondent la majorité du temps à des représentations inconscientes.

J'ai lu un jour que le cerveau, qui ne pèse que deux pour cent du poids moyen d'une personne, consomme vingt pour cent de son énergie métabolisée. On comprend pourquoi il a tant

---

[16] Les neuroscientifiques introduisant l'ETG se limitent à la conscience d'accès.

besoin d'énergie, il n'arrête jamais ! J'ai lu aussi que ce quelque chose qui est capable de reprendre 'ses esprits', ce *JEFE,* s'il existe, est comme un muscle que l'exercice quotidien de la méditation vient renforcer.

Je résume :

- Les représentations mentales, composées par les lobes spécialisés du cortex, sont inconscientes dans la majorité des cas, puis certaines sont traitées par l'Espace de Travail Global (ETG), devenant le support d'un état conscient de type cognitif-fonctionnel ξ. Les représentations associées à la conscience subjective et phénoménologique ψ ne semblent pas associées à une zone cérébrale particulière.
- Par ailleurs, une faculté supplémentaire pourrait exister, sans que j'en sois absolument certain : celle de reprendre contrôle, d'orienter l'attention sur telle ou telle représentation / image mentale : le muscle, le curseur ou la tour de contrôle *JEFE.*

∞∞∞

J'ai introduit le terme *représentation mentale* que je n'ai pas défini, ni confronté aux travaux des neuroscientifiques. Corrigeons... Implicitement et inconsciemment, j'ai opté pour l'hypothèse de travail reprise par les chercheurs en neuroscience et en psychologie : tous mes états mentaux conscients peuvent être déterminés par une forme de représentation. Ces dernières peuvent être « *de type très divers, des plus cognitivement développées (pensées de toutes sortes) aux plus frustres ou primitives. Parmi ces dernières, il faut compter les perceptions de nos sens, déclenchées par des signaux ou des stimuli venant de l'environnement extérieur ou de notre propre corps (douleurs, diverses sensations cutanées, etc).* »[17]

Tous confirment que la perception conduit à une représentation, en ce sens que l'activité perceptive, à la suite d'élaborations complexes, a la capacité de déterminer des « *constances perceptives* » qui caractérisent l'objet perçu. Il n'est pas du tout dans mon intention d'étudier les critères d'élaboration qui caractériseraient telle ou telle représentation (d'ailleurs, le pourrais-je ?), mais il semble clair pour tous ces chercheurs que **perceptions, émotions/affects** et bien-évidemment **pensées** sont déterminées par des représentations. C'est-à-dire par des constances **perceptives**, sensorielles, **émotives** ou **linguistiques**.

*« Très brièvement, il est possible de dire que les différents représentants psychiques [...] (représentations de **chose**, **affects** et représentations de **mot**) ne sont pas une donne de l'appareil psychique mais sont le fruit d'un travail de composition et reposent sur une architecture en réseau complexe correspondant chacun à un appareil représentatif spécifique. »[18]*

Bien-sûr j'ignore totalement les représentations mentales que mon esprit ou mon cerveau utilise pour formuler que *des bruits de la rue montent jusqu'à moi*, que *ce qui est cuisiné pour le déjeuner à l'étage du dessous envoie une odeur de pain chaud* ou que *notre*

---

[17] Jacques Megier, 'La conscience comme autoreprésentation', thèse soutenue en 2017.
[18] Vincent Di Rocco, *'Représenter l'irreprésentable. Un enjeu de la psychothérapie des psychoses'*

chatte Agathe vient se frôler à mes jambes mais toutes sont si efficientes que je l'écris avec certitude et détermination. Peu importe si l'information associée est *objectivement* vraie ou fausse, la représentation mentale sous-jacente est bel et bien vraie. Subjectivement, intimement.

Je descends d'un étage et je comprends que l'*odeur* qui me parvenait venait de la boulangerie voisine ; je regarde par la fenêtre et j'observe que les *bruits de la rue* étaient en fait issus de la bande originale du film 'La La Land' que j'étais en train d'écouter ! Mes représentations mentales étaient vraies, l'information que j'y ai associée était erronée.

∞∞∞

A quoi peut ressembler une représentation mentale ? Si les travaux de neuroscientifiques comme Stanislas Dehaene du Collège de France sont valides, une population de neurones donnée, formant un espace vectoriel, portent le code neural associé par exemple à la perception *des bruits de la rue*. Et les neuroscientifiques schématisent la représentation mentale correspondante par un point x dans cet espace vectoriel. C'est une vue de l'esprit, une vue conceptuelle.

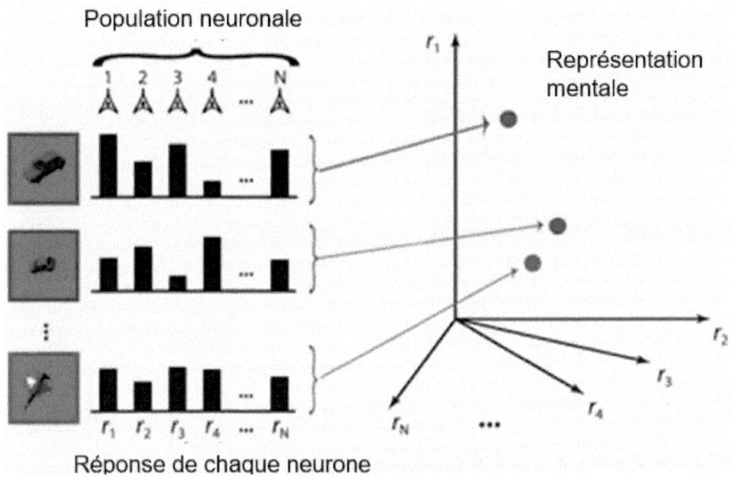

Population neuronale

Représentation mentale

Réponse de chaque neurone

D'autres comme Karl H. Pribam et Lynne McTaggart considèrent que « *lorsque nous observons le monde, c'est sur un plan plus profond que nous le pensons. En premier lieu, le cerveau se parle à lui-même [...] Appréhender un objet, c'est littéralement être sur la même longueur d'onde que lui.* [19] »

Ils comparent le cerveau à un piano dont le marteau de la touche, que le cerveau pianiste décide d'activer, frappe des cordes qui émettent sur une certaine longueur d'onde... un hologramme. Ainsi, lorsque je regarde la pipe De René Magritte, mon esprit ne visualise pas une image à l'arrière de mon cerveau, au niveau du cortex visuel, mais en trois dimensions et en dehors de mon corps... Mon cerveau a transformé le monde intemporel et non spatial des tracés ondulatoires interférentiels et informationnels reçus... en un

---

[19] Lynne Mctaggart

monde concret et distinct d'espace et de temps, celui de la pipe représentée sur le tableau.

Il se pourrait même bien qu'il crée et projette l'image virtuelle de l'objet dans l'espace à l'endroit même où il se trouve, de sorte que l'objet *pipe* et ma perception de ce dernier (par la vue) coïncident. Comme un hologramme X ...

Nous avons encore du chemin à parcourir dans la compréhension : l'image mentale correspondant à la perception du tableau de Magritte est tantôt représentée comme un point x de l'espace vectoriel d'une population de neurones, tantôt comme un hologramme X.

∞∞∞

Après l'analyse, la synthèse ? Après avoir décortiqué la conscience en deux types de conscience (phénoménale et cognitive-fonctionnelle) ainsi que les représentations mentales (celles traitées localement, inconsciemment, ou celles conscientisées), je poursuis la construction de ma figure, en précisant les trois types de représentation mentale : celui correspondant à la perception, celui pour l'émotion (ou affect) et le dernier caractérisant la pensée :

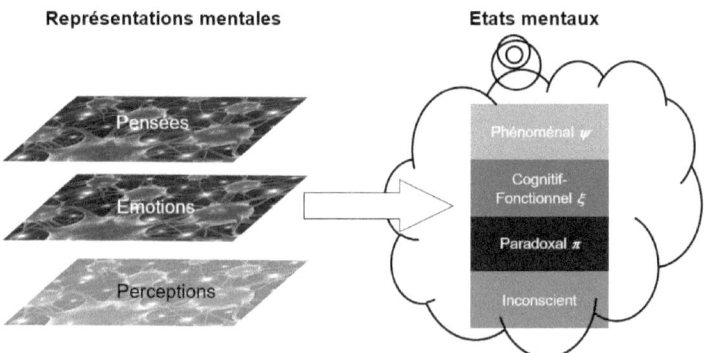

Figure que j'ai envie d'utiliser, dorénavant, lors de mes phases d'observations intimes.

Mes observations du jour (15/4)

Les bruits de la rue, le passage irrégulier des véhicules montent jusqu'à moi.

Ce qui est cuisiné pour le déjeuner à l'étage du dessous envoie une odeur de pain chaud.

La couleur bleue de la pièce est apaisante.

Notre chatte Agathe vient se frôler à mes jambes.

Vais-je réussir à terminer cet article scientifique pour l'échéance prévue ?

Ce que ma conscience peut contrôler...

C'est l'heure de mon travail quotidien, que j'ai calé entre le réveil et le début de mes activités professionnelles. Je prends place devant mon bureau, dans la pièce bleue.

Une bonne poignée de secondes, que d'aucuns qualifieraient de minutes interminables, s'écoulent avant que je ne reprenne l'écriture...

Une bonne poignée de secondes ou cinq petites minutes, je n'en sais rien ; pour moi, notre conception moderne du temps ne correspond à rien de réel. Une poignée d'individus Homo Sapiens a décidé de découper les durées en unités de temps artificielles, chaque seconde correspondant à la durée de 9 192 631 770 oscillations d'un atome de césium. Décision prise à l'aube de l'ère industrielle et tayloriste... Les notions de seconde, minute et heure constituent encore un récit que l'on s'est forgé collectivement et auquel on est invité à adhérer, permettant ici de produire toujours plus et à n'importe quel coût psychologique. Le seul temps qui compte pour tout être vivant est le cycle des saisons, et les seuls moments importants pour moi sont ceux relatifs à une prise de conscience, une profonde méditation ou une émotion forte. C'est-à-dire des moments subjectifs et généralement de pleine conscience.

Entre ces moments saillants, perçois-je le temps, la durée ? Je ne pense pas.

∞∞∞

Avant de débuter ces observations intimes il y a quelques jours, je savais peu ou prou que la perception tout comme l'action sont complètement médiées par le cerveau. Ma conscience n'accède jamais directement aux signaux lumineux que reçoivent mes yeux en provenance de l'écran ; elle ne perçoit qu'une représentation mentale qui fait sens, résultant du traitement très complexe opéré par les yeux, les nerfs optiques et surtout le cortex visuel.

De même je ne sais pas activer consciemment chacun de mes muscles qui font bouger mes mains et mes doigts au-dessus du clavier ; j'émets des intentions et mon cerveau fait le reste.

Mon cerveau contrôle bien toutes mes fonctions physiologiques et corporelles, mais de façon indirecte, en les médiant. Et le contrôle que je peux effectuer en toute conscience (une conscience cognitive-fonctionnelle ξ) semble infime par rapport à tout ce qui est traité par cet organe si puissant et si mystérieux. Je décide de vérifier...

ENCYCLOPEDIE

CONTROLE par la CONSCIENCE

Le cerveau contrôle bien toutes mes fonctions physiologiques et corporelles, mais de façon indirecte, en les médiant. Et le contrôle dont je peux prendre conscience (une conscience cognitive-fonctionnelle ξ) est infime par rapport à tout ce qui est traité par cet organe si puissant et si mystérieux.

Je fais venir à ma conscience les représentations mentales correspondant à ma perception visuelle : *l'érable de notre jardin bourgeonne, le verre de la fenêtre donnant sur ce dernier a quelques tâches ou salissures, etc.* Impossible évidemment de contrôler le flux visuel qui me parvient ; a minima je peux tourner la tête ou les yeux, et orienter mon regard.

Je perçois qu'il n'est pas utile que je poursuive avec les quatre autres sens, il en sera de même.

Puis je laisse venir, sous les feux de ma rampe consciente, les pensées spontanées qui peuvent poindre, en écrivant : *Les 'Feux de la rampe' est un film de Charly Chaplin, n'est-ce pas ? D'ailleurs quel acteur réalisateur a réussi à prendre le relais de Chaplin ? Tiens, Agathe miaule, de quoi a-t-elle besoin ?* Ici aussi, il est impossible de contrôler le flux de représentations mentales ; le seul moyen pour en être moins dépendant est de méditer.

Enfin je décide d'observer mes réactions émotionnelles, comportementales ou physiologiques, du moins de le tenter. Qu'en est-il de mes organes et de mes fonctions physiologiques ? Que se passe-t-il par exemple si j'émets l'intention de *taper plus rapidement sur le clavier*, ou de *me tenir plus droit sur le dossier de la chaise* ? Je rencontre vite, alors, des limites physiologiques. Tout ne peut être contrôlé. En fait, la seule chose que je peux contrôler directement et consciemment est ma respiration ! *Si je décide de retenir mon souffle, je peux le faire jusqu'à un certain point, représentant en quelque sorte une limite de sécurité physiologique.*

Comme la température de la pièce est légèrement inférieure à ce dont nous nous sommes habitués, une autre observation pointe son nez : des réactions physiologiques ont lieu en moi, visant à réguler ma température corporelle : chair de poule, légers frissons. Et je ressens l'envie comportementale de changer de pièce ou de me lever pour tourner le thermostat. Un comportement non contrôlé d'une part, et un que je peux contrôler d'autre part.

Après être allé régler le thermostat, je reviens m'asseoir, toujours devant mon bureau, sans rien faire. Mon attention est uniquement tournée vers mon corps, mes organes, ma respiration…

Contrairement aux apparences de calme qui se dégageraient si quelqu'un m'observait, je note qu'intérieurement mon activité mentale et corporelle est un peu trop élevée, je sens mon cœur battre plus fort que d'habitude. Me sentirai-je stressé ? C'est comme si quelque chose évaluait en moi la non-maîtrise d'une situation à venir… Je passe en revue ce qui pourrait en être la cause et je saisis qu'il est déjà midi, que je ne me suis effectivement pas préparé pour assister à l'heure au déjeuner prévu ce dimanche avec des amis. Encore une réaction physio-émotionnelle adaptée, qui me fait me lever…

∞∞∞

Au retour de cette pause dominicale et amicale, me viennent à l'esprit les propos de mon ami Vahe : *"il serait intéressant que notre conscience accède à volonté à davantage de représentations corporelles, que nous devenions capables d'agir directement sur des fonctions corporelles profondes sans passer par de longs apprentissages spécialisés, voire de jouer consciemment avec les représentations corporelles au gré des envies."*

Si mes états de conscience sont soit des *expériences phénoménales* (des états intérieurs qui se caractérisent par un certain « ressenti » subjectif), soit des *expériences permettant l'accès à des objets mentaux*, ...

... Si ces derniers, liés à la conscience d'accès, ont pour fonction de me faire accéder à ce qui m'est « directement *disponible pour un contrôle global* », mon ami a raison : je n'ai pas l'impression que je peux accéder à n'importe quelle représentation corporelle et agir en conséquence. J'ai encore du travail ...

Me vient alors une pensée : le contrôle n'est pas toujours total. Je pense à ceux d'entre nous qui font l'expérience de la pathologie psychiatrique : schizophrénie, folie, monomanie, ...

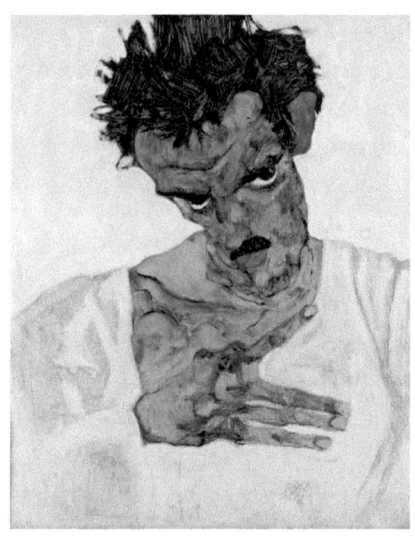

Je décide de consacrer les trois matinées à venir à l'observation de mes perceptions, mes émotions, puis mes pensées. « Je sens, je ressens, je pense, donc je suis… »

Mes observations du jour (16/4)

Perceptions visuelles : *L'érable de notre jardin bourgeonne, le verre de la fenêtre donnant sur ce dernier a quelques tâches ou salissures, etc.*

Flux de pensées : *les 'Feux de la rampe' est un film de Charly Chaplin. Quel acteur réalisateur a pris le relais de Chaplin ? Tiens, Agathe miaule, de quoi a-t-elle besoin ?*

Intentions : taper plus rapidement sur le clavier, ou me tenir plus droit sur le dossier de la chaise.

Si je décide de retenir mon souffle, je peux le faire jusqu'à un certain point, représentant en quelque sorte une limite de sécurité physiologique.

(I) Ce qui est à retenir...

Les trois types de représentations mentales manipulées par mes états mentaux sont les perceptions de ce que l'environnement extérieur m'envoie, les émotions que je ressens et les pensées.

Mes états mentaux sont relatifs aux processus inconscients, au sommeil paradoxal et aux expériences conscientes, cognitives-fonctionnelles ou phénoménales.

Mon cerveau contrôle bien toutes les fonctions physiologiques et corporelles, mais de façon indirecte, en les médiant. Le contrôle dont je peux prendre conscience (une conscience cognitive-fonctionnelle x) est infime par rapport à tout ce qui est traité par cet organe si puissant et si mystérieux.

(II)

JE est tout en REPRÉSENTATION

Des perceptions,

des émotions,

et des pensées.

Ce que mon cerveau perçoit...

Ainsi, j'entame ma cinquième matinée d'observations. « Je sens ou je perçois, donc je suis » sera le thème du jour ; j'ai bien conscience que ce n'est pas le plus facile, tant mes perceptions ont été, sont et resteront peut-être encore longtemps la base sur laquelle JE me suis construit.

« Je sens, je perçois, donc je suis »...

Formulé ainsi, mon existence (« je suis ») paraît être une conséquence, aujourd'hui de mes perceptions, demain de mes émotions puis de ma raison. Mais il n'en est rien. Mon intelligibilité (comme celle de René Descartes) et les mots peuvent être trompeurs, leur conclusion peut être caduque. Tout ce que « je suis » repose sur les nombreuses expériences cumulées du JE. Ainsi, devrais-je dire « Je sens ou je perçois, donc JE existe. » Il y a un JE en moi qui fait l'expérience de ces / ses perceptions.

Quelles sont-elles ? Je relis mon carnet :

Les bruits de la rue, le passage irrégulier des véhicules montent jusqu'à moi.

Ce qui est cuisiné pour le déjeuner à l'étage du dessous envoie une odeur de pain chaud.

La couleur bleue de la pièce est apaisante.

---

et je complète avec quelques perceptions du moment : *se rajoutent des bruits générés spontanément dans mes deux voies auditives, sans qu'ils proviennent de l'extérieur.*

Le thé noir de ce matin me semble moins amer que celui d'hier ; il a un goût plus intense, plus riche en arômes, et plus malté.

Ce matin, j'ai interverti les chaises sans m'en rendre compte et l'assise rembourrée de celle choisie est en fait bien plus confortable.

Rien n'a changé dans la compréhension de ce qu'elles sont : ces perceptions étaient des représentations inconscientes que mon cerveau traitait quelque part, puis J'ai posé (JEFE ou JE a posé) mon attention sur elles, les rendant conscientes.

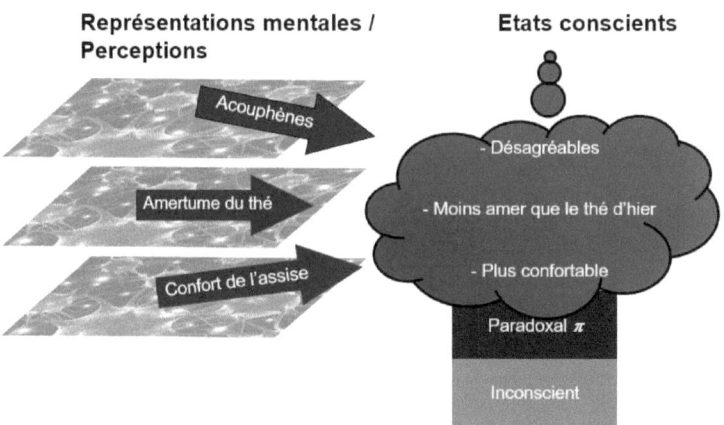

L'observation de mes perceptions n'est pas la plus facile, disais-je, parce qu'elle nécessite d'aller à l'encontre d'une illusion : celle consistant à me dire que le monde extérieur, les arbres, une tasse de thé, la chaise et son assise plus confortable, notre chatte Agathe, mon propre corps sont la réalité. C'est une illusion parce que la seule réalité authentique, pour ce qui me concerne, est ce dont JE fais l'expérience. Ma seule réalité est que *la couleur bleue de la pièce est apaisante*; peut-être le même espace apparaît à Agathe comme une radiographie aux rayons X ; ce sera sa réalité. Ma seule réalité est que *le thé noir de ce matin me semble moins amer que celui d'hier ; il a un goût plus intense, plus riche en arômes, et plus malté* ; au ficus qui vit et a grandi dans la pièce, la réalité est peut-être tout autre : peut-être a-t-il partagé le stress du thé au moment de son infusion dans l'eau bouillante ?

Je fais un aparté : en février 1966, Cleve Backster[20] a relié un polygraphe à des plantes (le dracéna), puis à des bactéries de yogourt, et des œufs de poule. Chaque fois, il a obtenu des résultats étonnants ; invariablement, il a pu constater que toute chose vivante est étroitement à l'écoute de son environnement ; lorsqu'un être vivant subit un stress, souffre ou meurt, toutes les formes de vie dans son voisinage immédiat ont une réaction électrique instantanée, comme si elles partagent toutes la douleur. Cleve Backster a même confié à David Wilcock que si nous prenions un instant pour nous recueillir avant de manger, en envoyant à notre nourriture des pensées positives d'amour, celle-ci semble alors

---

[20] Cleve Backster: 'Primary Perception: Biocommunication with Plants, Living Foods and Human Cells'

accepter de nous aider à demeurer en vie et plus aucune réaction extrême n'apparaît ensuite sur le relevé polygraphique[21].

Non, je n'ai aucune légitimité pour décrire une réalité autre que la mienne, même celle d'une feuille de théier qui a subi une oxydation complète.

D'ailleurs, ma réalité englobe aussi l'expérience des acouphènes, et je n'aurai pas la prétention de penser que ces bruits sont réels aussi pour d'autres individus que moi !

Spontanément, une autre pensée entre dans mon champ de conscience ; *l'arbre qui tombe dans la forêt fait-il du bruit si personne ne l'entend tomber ?* Il en fait en effet. Quand l'arbre tombe dans la forêt, il produit une onde de particules qui vibrent dans l'air. S'il n'y a personne pour l'entendre, il n'y a pas de son, mais cela ne signifie pas qu'il n'y a pas d'ondes acoustiques qui ont un effet sur l'environnement.

---

[21] Le polygraphe est ce système qui mesure les activités électriques d'un système vivant, par exemple celui d'une plante comme l'a fait Backster.

Ainsi, les perceptions sont des modifications phénoménologiques de mes représentations mentales. Je n'ai pas accès directement au monde extérieur, je l'aborde, je l'approche par le biais de mes expériences conscientes, phénoménologiques ou cognitives.

ENCYCLOPEDIE : les PERCEPTIONS

Les perceptions …

Mes observations du jour

Se rajoutent des bruits générés spontanément dans mes deux voies auditives, sans qu'ils proviennent de l'extérieur.

Le thé noir de ce matin me semble moins amer que celui d'hier ; il a un goût plus intense, plus riche en arômes, et plus malté.

Ce matin, j'ai interverti les chaises sans m'en rendre compte et l'assise rembourrée de celle choisie est en fait bien plus confortable.

L'arbre qui tombe dans la forêt fait-il du bruit si personne ne l'entend tomber ?

La naissance des émotions...

Parfois, je commencer la journée en me répétant un dialogue de Winnie l'ourson et de Porcinet : *« Quel jour on est ? demande l'ourson. - On est aujourd'hui, lui répond Porcinet. - C'est mon jour préféré, conclut Winnie. »*

L'accroche du chanteur Etienne Daho me convient aussi : *« aujourd'hui est le premier jour du reste de ma vie. »*

Aujourd'hui est aussi le premier jour d'observation plus approfondie de mes émotions : la peur, la colère, la joie, la surprise, la tristesse et le dégout... Ce travail d'observations me permet d'identifier le tourbillon incontrôlé dans lequel mes émotions parfois m'emmènent ; elles happent alors mes pulsions, mes réactions. Pulsions libidinales ou agressives, réflexes innés ou acquis.

Je pense pouvoir dire – mais est-ce exact ? - que je suis *« exempt de la tristesse, et ne l'aime ni l'estime » (comme Montaigne)*. Ou du moins j'adhère à l'idée stoïcienne selon laquelle j'autorise ou non la tristesse à s'installer en moi.

Il est environ neuf heures du matin, le soleil est levé ou, plus proprement, la Terre a suffisamment tourné sur elle-même pour me permettre de recevoir à nouveau les rayons lumineux de notre étoile. Quelques premiers oiseaux chantent dans notre jardin ; probablement des mésanges charbonnières ou des hirondelles rustiques...

Je me lève et prépare mon petit déjeuner. L'expérience consciente du matin, avec tous ses qualia, pointe vite son nez, grâce à la sensation visuelle de la *tasse de thé fumante*, celle olfactive du *pain grillé* et sa petite sœur gustative générée par *le miel dans la bouche*. Je ne sais pas ce que j'étais il y a encore quelques minutes (alors endormi), mais JE suis à nouveau bel et bien conscient, et exempt de toute tristesse. Je me sens bien...

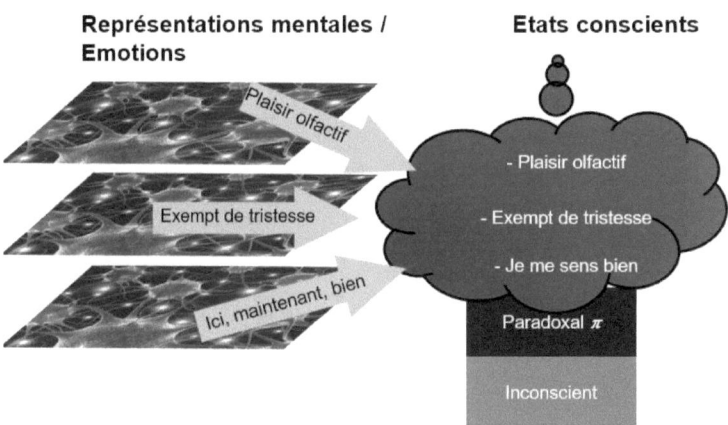

JEFE se rappelle à moi en reprenant le contrôle des opérations mentales et en le cédant à ma conscience d'accès : « *l'activité intense de ton cerveau, éveillé, nécessite beaucoup d'énergie, je te rappelle. C'est pour ça que tu dois manger !* »

L'activité intense de ton cerveau éveillé... Je pense à l'imbroglio duquel j'ai eu peine à me défaire, après avoir décortiqué ces derniers jours les états de mon JE, la nature de mes représentations mentales et l'éventualité d'un JEFE. Réessayons… Mes expériences conscientes (JE) sont celles que je vis lorsque j'ai une conscience phénoménologique des choses ou lorsque je développe une pensée grâce à ma conscience cognitive. Et je semble avoir une faculté d'attention, de contrôle (JEFE) qui oriente le faisceau conscient vers telle ou telle expérience du JE. Pourtant, des nuages apparaissent parfois (ou souvent) dans ce beau tableau.

Ce matin, je me demande où étaient les émotions dans mes *'observations'* des jours précédents ? Au moment où j'écris ces lignes, je n'en perçois aucune, véritablement et consciemment. Alors pour donner matière à mes observations du jour, je me propose d'analyser l'étude des émotions qu'ont pu faire mes semblables.

Pour désigner ces phénomènes comportementaux et expérientiels qui sortent de l'ordinaire, les Romains disaient *motus* ou *motus animi : mouvement de l'âme*. Une particularité des émotions tient au fait que ces *'mouvements de l'âme'* sont souvent déclenchés par des événements ou des objets qui affectent l'âme sans que la personne en question les ait recherchés. Ils ne sont pas directement soumis à la volonté ; ils s'imposent : des impulsions, des actions, des pensées, des sentiments. Et outre le mouvement de l'esprit, ces phénomènes comprennent aussi l'apparition de mouvements et de réactions corporelles − comme la respiration, les battements du cœur, les cris et les soupirs − réactions qui ne sont pas provoquées par la chaleur, l'effort physique, ou l'ingurgitation excessive d'alcool …

Le fil de mes pensées me conduit au film d'animation *Vice-Versa* des studios Pixar. Faisons une pause récréative : *Vice-Versa* nous fait entrer dans un autre cerveau, celui d'une petite fille prénommée Riley ; sa vie est chamboulée par le déménagement de ses parents ; autour du centre de contrôle, cinq drôles de personnages – joie, tristesse, colère, peur et dégoût – se disputent les manettes. Même si la seule émotion positive dans le lot est la joie**,** les quatre autres, comme le montre bien la fin du film, ont une fonction importante ; on y voit l'alliance de la joie et de la tristesse pour éviter que Riley, poussée par la colère, fasse une grosse bêtise. C'est la tristesse qui va l'aider à faire à nouveau confiance à ses parents et à accepter de franchir une nouvelle étape de sa vie. *« Il faut savoir identifier, nommer puis accepter ses émotions,* conclurait Claire, mon épouse. »

Jusqu'à encore récemment, j'utilisais surtout (je surutilisais même) ma conscience d'accès, cognitive. Et je faisais appel, de façon probablement moins consciente, à quelques compétences comportementales effectivement acquises : résolution de problème, empathie, confiance en soi et en autrui, créativité, motivation. Pour ce qui concerne la gestion du stress, au vu de mon retour précipité d'Afrique où j'avais un poste à responsabilités en tant qu'expatrié, il semblerait que j'aie été bien moins '*compétent*'…

Au cours de séances de thérapie comportementale et cognitive, j'ai appris à davantage identifier l'émotion qui parfois me submergeait (de la colère ou de la joie), à la nommer, à l'accepter puis, si possible, à l'exprimer. Si je pense être exempt de tristesse, comme Montaigne, à l'inverse l'expression faciale de la joie est souvent visible chez moi, avec cette contraction des zygomatiques provoquant la montée des coins de la bouche et la contraction de l'orbicularis oculi plissant le coin des yeux ! Je dis souvent à mon épouse (et je l'écris dans mon *carnet*) que *je ne pense pas ressentir la peur, mais puis-je vraiment le formuler ainsi ? Qui n'a jamais eu peur ?!?! Puis-je dire que je n'aurais effectivement pas peur si je rencontrais un ours, par exemple sur un sentier des Pyrénées ? J'en doute...*

A ce propos, me revient un extrait de la thèse de Sarah Arnaud, que j'ai lue récemment et qui est relative à la conscience émotionnelle : « *imaginez-vous un jour de votre vingtaine, avec vos rêves, vos doutes, vos défis, poussé par un élan d'optimisme, prendre cette décision d'entreprendre un saut à l'élastique. Un beau défi ! vous vous dites [...]. Attaché fermement à cette structure qui vous maintient, vous regardez en bas. Et vous réalisez que vous allez devoir plonger [...]. Vous n'avez pas le temps de prendre du recul, à peine votre souffle repris, à peine remonté, il faut repartir, redescendre en fermant les yeux [...]. Tout au long de l'expérience, vous saviez que les élastiques vous maintenaient, que votre panique était éphémère et que votre vie n'était pas en danger. Pourtant, votre peur vous a transformé. Vous avez été affaibli à un point inavouable...* » Il est évident qu'à la place de Sarah Arnaud, j'aurais eu tout aussi peur ...

Néanmoins, ma question n'est pas celle-là, mais ce qui suit : quand je ressens de la joie, un dégoût ou de la colère, en ai-je conscience ?

Comme je l'écrivais plus haut, les séances de thérapie m'ont aidé à renforcer quelques-unes de ces capacités : savoir identifier mes émotions par exemple ; reconnaître, nommer et différencier une variété d'expériences et de réactions émotionnelles. Mais aussi comprendre ma façon de réagir, reconnaître les causes possibles de mes réactions émotionnelles. Sans oublier la compréhension de l'influence des émotions des autres sur moi : je commence à prendre conscience de l'effet que les réponses émotionnelles des autres ont sur moi…

Ainsi, si l'émotion ou *motus animi* naît probablement dans une des antichambres de l'inconscience, il est possible à JEFE ou à une autre faculté de l'identifier, de la nommer et ainsi de l'étudier par le biais de ma conscience cognitive, c'est-à-dire de '*m*' aider à prendre conscience de ses causes, de son influence et de son effet sur les autres. A ce stade, je ne sais pas trop à quoi ou à qui renvoie le pronom personnel '*me*' mais il y a bien prise de conscience, c'est-à-dire transfert de la représentation émotionnelle d'un des vestibules cérébraux vers l'Espace de Travail Global partagé, l'ETG.

∞∞∞∞

Pendant que j'écrivais cette pensée déductive, le bandeau des dépêches affiche en bas de mon écran l'alerte donnée par notre astronaute préféré, Thomas Pesquet : « *les pluies extrêmes et les tempêtes deviennent plus fréquentes et plus fortes. Les satellites le disent, mes yeux aussi. Depuis l'ISS, j'ai vu une cinquantaine d'éclairs par jour. Et entre mes deux missions, ces phénomènes semblent s'être accrus. J'ai vu des ouragans naître dans l'Atlantique autour de l'équateur, et s'abattre sur les côtes antillaises et américaines. On a vraiment conscience que là, il y a une machine de destruction qui se met en place".*

Je n'ai pas pris conscience immédiatement que *mon rythme cardiaque augmentait, qu'un début de migraine émergeait* ou que *mes gestes devenaient impulsifs.* Mais à l'apparition du *coup de fatigue* et davantage *d'agressivité dans mes pensées,* je réalise qu'une émotion est là, la colère. Il n'est pas ici dans mon intention de détailler les raisons, ni les raisins de ma colère, mais de tenter de mettre des mots sur le phénomène que j'ai alors pu observer en moi. Quand l'expérience émotionnelle atteint un seuil critique (un seuil d'insupportabilité ?), quelque chose en moi, probablement *JEFE*, la tire de l'antichambre et la pousse dans la grande salle de réception.

Si l'intelligence émotionnelle (IE) se définit par la capacité pour un individu à percevoir, comprendre, maîtriser et exprimer une émotion qui lui est propre (et à *'distinguer, décoder une émotion chez l'autre'*, poursuit le dictionnaire médical), peut-être me suis-je donné la preuve que j'avais un tant soit peu … d'IE.

Sur ce, je me dois de rajouter dans mon encyclopédie :

<u>ENCYCLOPEDIE</u>

[…]

<u>EMOTIONS / AFFECTS</u>

Parmi les expériences conscientes du *JE*, l'on peut trouver aussi des expériences émotionnelles, consistant à transférer l'information émotionnelle inconsciente vers l'Espace de Travail Global partagé (ETG). On développe ainsi une Intelligence EMOtionnelle (*EMO*).

Mes observations du jour

« Quel jour on est ? demande l'ourson. - On est aujourd'hui, lui répond Porcinet. - C'est mon jour préféré, conclut Winnie. »

« Aujourd'hui est le premier jour du reste de ma vie. »

Tasse de thé fumante, pain grillé, le miel dans la bouche...

Je ne pense pas ressentir la peur, mais puis-je vraiment le formuler ainsi ? Qui n'a jamais eu peur ? Puis-je dire que je n'aurais effectivement pas peur si je rencontrais un ours, par exemple sur un sentier des Pyrénées ? J'en doute...

Mon rythme cardiaque augmente, un début de migraine émerge, mes gestes deviennent impulsifs. Je ressens le coup de fatigue et davantage d'agressivité dans mes pensées.

La tête dans les nuages...

Je crois que je me suis lancé dans l'écriture de ces lignes pour les mêmes raisons que celles qui ont guidé Michel de Montaigne dans ses Essais : il parle de lui et raconte sa vie privée « *non pour s'exhiber, par narcissisme, égotisme ou amour immodéré de lui-même, mais parce que le livre doit laisser place à l'examen du monde et qu'il n'est meilleur sujet pour penser l'homme, indépendamment du christianisme, que soi-même.* » Il n'est meilleur sujet pour observer ce quelque chose qui divague puis reprend ses esprits, qui a du vague à l'âme puis montre une grandeur d'âme… que soi-même. Peu importe le petit nom que vous avez donné à votre âme, si vous l'avez dénommé.

Mais vous l'avez peut-être aussi remarqué : il n'est pas si facile que ça de s'observer… Être conscient est un don fait à chaque être humain (et peut-être bien plus largement), mais avoir conscience d'être conscient nécessite déjà un premier détachement, un premier effort, une prise de recul.

L'exercice que j'aime beaucoup et que j'effectue souvent est le suivant : vous êtes dans un musée, devant un tableau qui vous émeut ou qui vous intrigue. Vous vivez alors une expérience consciente, votre espace de travail intérieur est totalement dédié à ce que vos sens vous transmettent, aux émotions que vous allez associer à votre œuvre ; vous êtes totalement dedans. Mais avoir conscience d'être conscient est autre chose: cela permet par exemple de remarquer que mon esprit part en pensée.

Par exemple, je contemple 'la tête dans les nuages', grâce à une copie qui est accrochée sur le mur devant moi, je suis plongé dans une authentique expérience phénoménale de perception et d'émotion et hop ! mon esprit divague, il se pose des questions : *Quel était le nom de l'auteur, déjà ? De quelle époque était-il ? A quel mouvement pictural appartenait-il ?* Alors me revient l'information selon laquelle René Magritte fut à ses débuts dans la veine du mouvement Dada, puis s'est inspiré de l'avant-garde, en particulier du cubisme et du futurisme ; il peignit alors des compositions abstraites..

Je peux suivre le flot de mes pensées ou je peux décider de revenir à mon expérience phénoménale. Pourquoi ces pensées naissent-elles ? A quoi servent-elles ?

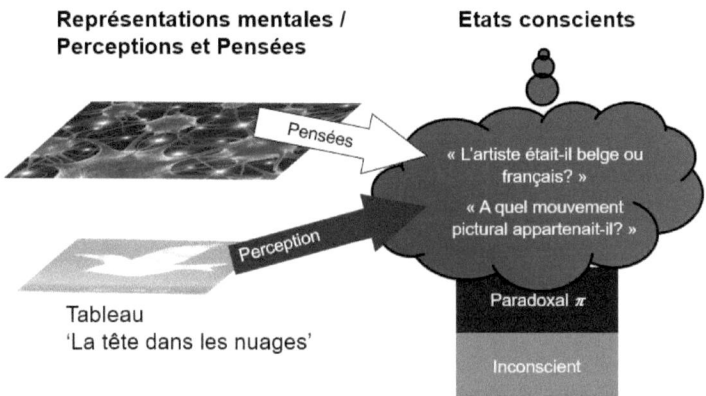

Représentations mentales / Perceptions et Pensées

Etats conscients

Pensées

« L'artiste était-il belge ou français? »

« A quel mouvement pictural appartenait-il? »

Perception

Tableau
'La tête dans les nuages'

Paradoxal π

Inconscient

J'ai conscience que mon questionnement et les exercices d'observation dans lesquels je me suis lancé nécessiteront de la disponibilité, de la patience, une prise de recul, de l'entraînement et probablement une bonne dose de bienveillance envers moi-même. Je ne réussirai à progresser que lorsque j'y consacrerai le temps nécessaire, éloigné des activités du quotidien et des sollicitations sociétales, et une fois mes besoins physiologiques, de sécurité et peut-être d'appartenance (comme dans la pyramide de Maslow) seront satisfaits. Durant le créneau matinal que j'y dédie, je m'efforce de me libérer de toute obligation et de laisser 'dehors' les préoccupations.

Alors ? À quoi servent ces pensées polluantes, ou tout du moins non sollicitées ?

Celui qui m'a probablement le plus aidé dans mes exercices antérieurs de médiation et maintenant dans l'analyse de mes observations intimes est Christophe André, l'auteur de 'Méditer, jour après jour', '3 minutes pour méditer' ou 'La Vie Intérieure'. Il écrit par exemple dans l'un de ces ouvrages : « *Les pensées et les humeurs sont comme des nuages dans le ciel. Ils apparaissent et disparaissent. Mais le ciel qui les accueille n'apparaît pas et ne disparaît pas. Maintenant, et à chaque instant, nous avons le choix de vivre dans des nuages, ou à partir du ciel, clair, toujours présent, qui les accueille et qu'aucun nuage ne peut enfermer.* »

Il n'est pas si facile de s'observer de façon introspective. Il faut apprendre à maîtriser son *JEFE* et se laisser le choix de *vivre à partir du ciel clair*, ou de suivre un nuage, la pensée qui défile. Qu'est-ce que ça veut dire ?

Le fait que je me pose la question de savoir la nationalité de René Magritte ou son appartenance ou non au dadaïsme, alors que j'étais dans la contemplation d'une de ses œuvres, n'est ni bien ni mal. Mais il serait triste que je suive systématiquement (comme un mouton) chaque pensée-nuage qui apparaîtrait dans le ciel bleu de mon espace conscient : *Quel âge avait Magritte lorsqu'il l'a peinte ? A-t-il connu la seconde guerre mondiale ? D'ailleurs est-ce qu'une troisième guerre mondiale se prépare ? Y serions-nous bien préparés ? Contrairement à celle de nos pères, ma génération n'a pas connu de guerre mondiale* ... Je comprends que suivre le fil de ses pensées-nuages n'est d'aucune gravité en soi ; ça peut même être un jeu. Par contre, se laisser ennuager en permanence, surtout par des pensées-cumulus, sans réussir à retrouver le ciel bleu accueillant, peut l'être...

J'interromps l'écriture, et n'écrirai les lignes qui suivent qu'après avoir fait aboutir ma réflexion...

Si *JEFE* est cette tour de contrôle que j'associe à la faculté d'orienter mon attention, je peux véritablement faire appel à elle et décider de reprendre la contemplation du '*baiser*' de Gustav Klimt. *JE* retrouve alors l'état intérieur ψ dans lequel l'œuvre me plonge à chaque fois ; *JE* ressens la profonde tendresse que l'homme et la femme représentés expriment, la chaleur chatoyante des couleurs utilisées, la vacuité de ce qui entoure le couple, ... Et je peux aussi (ou plus exactement *JEFE* peut aussi) sortir de la contemplation et permettre au flot de pensées de reprendre le contrôle de mon attention: *Magritte a-t-il aussi connu l'amour inconditionnel ? J'ai accroché ce tableau trop haut pour bien l'observer. A quelle heure déjà Claire finit-elle ses consultations ?* Ces pensées ne contribuent pas à l'état conscient phénoménologique de contemplation, ni à l'état cognitif correspondant à un raisonnement, une argumentation, ou l'analyse de mes émotions. Leur apparition dans mon champ de conscience n'est pas véritablement sollicitée, et n'est pas due au ressenti ou à '*l'effet waouh !*' de ma contemplation.

Une pause s'impose, je sors pour effectuer ma marche quasi-quotidienne.

∞∞∞

J'écris à mon retour la pensée qui m'est venue en marchant, à savoir que « *c'est compliqué d'analyser la conscience ; j'espère que je me suis lancé dans une entreprise utile et à ma portée...* »

Les pensées-nuages ne sont pas les seules pensées à venir occuper mon champ de conscience cognitif ; d'autres le font, davantage à bon escient parce que je les sollicite. Celles-ci m'aident à apprendre, à jouer, à discourir, à raisonner, à juger. Elles relèvent précisément de la cognition, ce processus mental qui recouvre principalement l'acquisition du savoir et, en premier lieu, du langage, en passant par la mémorisation, le raisonnement, la prise de conscience des émotions, la perception de l'environnement, etc.

∞∞∞

Je vais tenter de résumer ce que j'ai appris aujourd'hui, à nouveau à partir de ce que mon cortex visuel m'amène à observer (pour diversifier les conditions de mes expériences et observations !) ; ce sont cette fois les jonquilles de notre jardin. Ainsi :

- Tourner mon attention vers une des jonquilles plutôt que vers l'enveloppe que le facteur vient de déposer dans la boîte aux lettres est permis grâce à une faculté encore assez mal identifiée et que j'ai temporairement dénommée *JEFE*.

- Faire l'expérience consciente de la couleur jaune de la jonquille d'une part et tenter d'autre part de décrire rationnellement le phénomène qui a lieu en moi sont tous deux des états conscients relatifs au *JE*.

- S'amuser mentalement à suivre un fil conducteur (par exemple : *jonquille jaune* -> '*Le mystère de la chambre jaune', écrit par Gaston Leroux -> Les cheveux roux de 'Poil de carotte' -> les carottes qui pousseront l'an prochain au fond du jardin -> etc.)* relève de la conscience cognitive du JE. Tout comme apprendre à parler, à reconnaître des objets dans le flux de perception de l'environnement.

- Enfin, observer que des pensées nuages (ou, comme je m'en suis aperçu hier, des émotions nuages) peuvent assombrir ou du moins perturber le tableau mental jusqu'ici plus ou moins sous contrôle est aussi un phénomène à prendre en compte.

JE vis une succession :

- d'expériences phénoménales ψ, relatives au ciel clair,
- d'expériences cognitives ou fonctionnelles ξ, et
- de pensées spontanées, non sollicitées, parfois égotiques venant alors 'obscurcir' ce ciel clair intérieur.

Dans mon champ de conscience, se trouvent des parcelles de pures expériences phénoménales ψ, d'autres que je dédie à la cognition ξ (pensées rationnelles et discursives, acceptation de mes émotions) ou à la fonction de contrôle de mon organisme. Et il existe par ailleurs des fractions, des petites parcelles fréquentées par ces pensées-nuages non sollicitées, venant de je ne sais où. Bien qu'elles ne contribuent ni à une fonction particulière de contrôle de mon organisme, ni au ressenti d'une expérience phénoménale, j'ai pourtant bel et bien conscience de ces pensées-nuages... D'où viennent-elles ?

Mais avant d'étudier cette question, j'ai conscience que je suis passé un peu vite sur ce que sont les pensées...

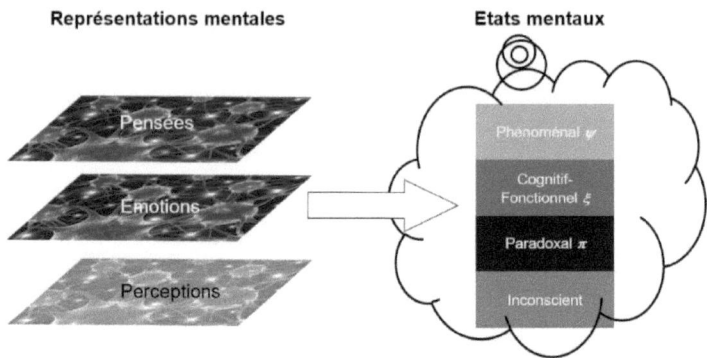

ENCYCLOPEDIE : PENSEES et PENSEES-NUAGES

Les pensées aident à apprendre, à jouer, à discourir, à raisonner, à juger. Elles relèvent précisément de la cognition, ce processus mental qui recouvre principalement l'acquisition du savoir et, en premier lieu, du langage.

Des pensées nuages (et, comme je m'en apercevrai plus tard, des émotions nuages) peuvent assombrir ou perturber le tableau mental jusqu'ici plus ou moins **sous contrôle**.

Mes observations du jour (19/4)

Devant un tableau : Quel est le nom de l'auteur ? De quelle époque était-il ? A quel mouvement pictural appartenait-il ?

Quel âge avait Magritte lorsqu'il l'a peinte ? A-t-il connu la seconde guerre mondiale ? D'ailleurs est-ce qu'une troisième guerre mondiale se prépare ? Y serions-nous bien préparés ? Contrairement à celle de nos pères, ma génération n'a pas connu de guerre mondiale...

Magritte a-t-il aussi connu l'amour inconditionnel ? J'ai accroché ce tableau trop haut pour bien l'observer. A quelle heure déjà Claire finit-elle ses consultations ?

Figure de style : Jonquille jaune -> 'Le mystère de la chambre jaune', écrit par Gaston Leroux -> Les cheveux roux de 'Poil de carotte' -> les carottes qui pousseront l'an prochain au fond du jardin -> etc.)

Ce que je pense de mes pensées...

Qu'est-ce qu'une pensée au fond ? Pour étudier un tel objet, je ressors une photographie prise au musée Rodin : le penseur. Faudra-t-il que je distingue avoir une pensée et penser ? Ou le penseur et le pensé ?

La vie est bien faite, au fond : à ce moment de mes observations intimes, la littérature m'adresse une pensée par la voix de Nathan Devers :

> « *Le mot 'philosophie' résumait tout ce qui m'animait. Un besoin brûlant de comprendre ce que je foutais là, dans ce monde, dans cette vie, une ardeur de poser des milliards*

de questions et de ne jamais me mentir à moi-même en prétendant avoir conquis l'ultime vérité. Renoncer à l'illusion de détenir les réponses. M'interroger et apprendre à penser.

Mais une telle ambition n'est possible que si nous commençons par reconnaître que nous ne pensons pas encore. Nous réfléchissons, nous lisons, nous blablatons, nous calculons, nous commentons, mais nous ne pensons pas. Car qu'est-ce qui occupe notre esprit ? Des ouvrages, l'actualité, l'état du monde, la culture, des décisions à prendre, des discussions entre amis : mille choses dispersées, éparpillées au vent de notre tête. Si bien que notre intellect est sans cesse affairé par l'illusion d'œuvrer. »

Je suis comme Nathan Devers, comme Martin Heidegger, comme chacun d'entre nous : mon intellect est sans cesse affairé, mais pense-je vraiment ? Je me dois de lire ou relire ce qu'en dit le philosophe Martin Heidegger :

« Qu'appelle-t-on penser ? Voilà qui sonne comme une question résolue et qui se présente comme une question univoque. Mais déjà la moindre réflexion fait apparaître sa multiplicité de sens. De là vient que nous commençons de chanceler rien qu'en la posant. La multiplicité de sens de la question déjoue toute tentative de mettre le cap droit sur la réponse, et sans autre préparation. »

Dans la seconde partie de son cours[22] « *Qu'appelle-t-on penser ?* », le philosophe allemand explique qu'il y a quatre modes sous lesquels on peut comprendre cette question. Premièrement : « *que signifie le mot penser ? Qu'est-ce qui est désigné sous le terme penser ?* » ; deuxièmement « *que signifie penser dans la doctrine traditionnelle ?* », troisièmement « *quelles conditions doivent être réunies pour que nous pensions de manière adéquate ?* », et quatrièmement « *qu'est-ce qui nous appelle, qui nous commande pour ainsi dire de penser ? Qu'est-ce qui nous appelle à la pensée ?* » Ces quatre questions forment une unité. Mais c'est la quatrième qui permet de comprendre le tout.

Mais j'abandonne Heidegger, ses textes me semblent bien opaques. Parfois les concepts philosophiques deviennent trop abstraits, trop idéels, guidés par des motifs cachés. Peut-être n'aurai-je pas dû me lancer dans une lecture plus approfondie de son œuvre… Je vais me limiter à la première question du philosophe allemand : que signifie le mot penser?

Tel que je le ressens, tel que je le perçois, **penser** est cette activité psychique ou mentale, consciente dans son ensemble mais parfois incontrôlée (comme avec les pensées-nuages). Penser recouvre les processus mentaux élaborant des concepts en réponse à mes perceptions venues des sens ou à mes émotions : « *ceci est une pipe* », « *les bruits de la rue et le passage irrégulier des véhicules*

---

[22] Martin Heidegger, Qu'appelle-t-on penser ?, trad. Aloys Becker et Gérard Granel, Paris, PUF, coll. « Épiméthée Essais philosophiques », 1967, p. 127.

montent jusqu'à moi », « *l'érable de notre jardin bourgeonne.* »

J'ai besoin d'associer ces concepts, ces pensées à ce que je perçois et ressens, pour apprendre, pour créer, pour agir et communiquer dans la réalité.

Et bien-sûr j'ai besoin d'un langage pour formuler ces concepts, pour formuler mes pensées. Si le souvenir suivant me revient - « *me promenant en ville, l'autre jour, j'ai entendu tout à coup un miaulement plaintif au-dessus de moi. J'ai levé les yeux. Sur le bord du toit se trouvait un petit chat.* » - il suffit qu'une telle pensée renaisse pour que je revois aussitôt la scène : le toit, le petit chat, le promeneur qui le regarde. A quoi ressemblait ce chat ? Peu importe qu'il soit blanc ou noir, le mot renvoie à ce que tout le monde connaît : un animal à quatre pattes, une queue, des oreilles pointues, des yeux ronds, qui miaule (et parfois ronronne). Mais sans l'existence d'un mot général qui désigne tous les types de chats – roux, noirs, blancs, tigrés, assis ou debout, gros ou maigrelets… –, aurais-je la même idée générale de ce que représente l'espèce chat que chacun d'entre nous ? Mon monde mental ne serait-il pas dispersé en une myriade d'impressions, de situations, d'objets tous différents ?

Si le langage aide à produire ma pensée, certains avancent que cette dernière n'existe pas sans le premier. Sans langage, il n'y aurait pas de pensée construite ; nous vivrions dans un monde chaotique et brouillé fait d'impressions, de sensations, d'images fugitives. Ferdinand de Saussure ajoute même :

« Philosophes *et linguistes se sont toujours accordés à reconnaître que sans le secours des signes nous serions incapables de distinguer deux idées d'une façon claire et constante. Prise en elle-même, la pensée est comme une nébuleuse où rien n'est nécessairement délimité.* »

Sommes-nous absolument certains que, sans l'existence du mot « chat », ma pensée serait à ce point diffuse et inconsistante, que, privé du mot, je ne pourrais pas distinguer un chat d'un chien ? Les recherches en psychologie cognitive, menée depuis les années 1980, ont démontré que les nourrissons disposent, bien avant l'apparition du langage, d'une vision du monde plus ordonnée que certains ne le croyaient jusque-là.

A contrario donc, des linguistiques cognitives soutiennent maintenant que les éléments constitutifs du langage – la grammaire et le lexique – dépendent de schémas mentaux préexistants. Pour le dire vite, ce n'est pas le langage qui structure la pensée, c'est la pensée qui façonne le langage. L'idée du chat précède le mot, et même un aphasique, qui a perdu l'usage du langage, n'en reconnaît pas moins l'animal.

Ainsi, pour comprendre le sens du mot « chat », il faut d'abord comprendre le contenu de la pensée auquel le mot réfère. Pour la psychologue Eleanor Rosch, l'idée de « chat » se présente sous la forme d'une image mentale typique appelée «prototype», correspondant à un modèle mental courant: l'animal au poil soyeux, yeux ronds, moustache, qui miaule, etc. La représentation visuelle tient une place centrale dans ce modèle mental : ce sont d'ailleurs dans les livres d'images que les enfants découvrent aujourd'hui ce qu'est une vache, un cochon ou un dinosaure[23].

Evidemment, vu mon âge avancé, il me sera difficile d'observer intimement si les concepts auxquels je pense, et pour lesquels je crée des images mentales, existaient en moi avant mon apprentissage du langage. Je commenterai néanmoins ainsi : il m'est parfois difficile de trouver les mots pour décrire ma pensée ; par exemple celle relative à ce qui se trouve au-delà de l'univers observable, ou la pensée relative à cette dimension, ce plan dans lequel le temps n'existe pas.

Me revient une pensée, que j'écris aussi dans mon carnet : Daniel Bougnoux[24] faisait valoir que « *l'homme descend davantage du signe que du singe : il tient son humanité d'un certain régime symbolique ou signifiant.* » Nous vivons moins parmi les choses que parmi une 'forêt de symboles' comme dit Baudelaire dans le célèbre sonnet des 'Correspondances'. « *L'empire des signes double ainsi notre monde naturel. Par tout un réseau de représentations codées et de signes qui sont autant de pare-chocs opposés à la dureté du monde, nous enveloppons, nous filtrons et du même coup nous maîtrisons le réel extérieur* »[Ibid].

∞∞∞∞

[23] Réflexion inspirée d'un billet de Jean-François Fortier :
https://www.letemps.ch/sciences/pensee-estelle-contenue-langage
[24] Daniel Bougnoux, '*Introduction aux sciences de la communication*' (2002)

Que ce soit objectivement exact ou non, j'ai l'impression d'avoir progressé dans l'analyse de mes observations et dans l'organisation de mes pensées.

En introduction, je sentais que mon travail devait aborder les notions d'intelligence et de savoir d'une part, de la conscience phénoménale et de la connaissance d'autre part. Peut-être tiens-je maintenant un fil conducteur ? Ce que je note immédiatement dans le vestibule de mes pensées en attente :

> *Vestibule : pensée #5* « Être *intelligent* pourrait être relatif à la capacité de détecter et de comprendre les signes, symboles ou représentations mentales ; être phénoménologiquement *conscient* serait alors bien autre chose, ce serait être capable d'éprouver ces signes, symboles ou représentations mentales.

∞∞∞

Je clos ainsi quatre jours de travail sur mes perceptions, mes émotions et aujourd'hui mes pensées (pensées discursives ou pensées-nuages). C'est-à-dire sur les trois composantes qui structurent mon monde intérieur, qui me donnent une forme de savoir et j'espère de connaissance.

Les pensées appelées sont très structurantes, elles créent quelque chose, un empire des signes, un monde intérieur. Et je perçois que les pensées-nuages pourraient être des manifestations de ce monde intérieur que j'ai construit au fil de ma vie. De quoi est fait ce monde intérieur ? Quand je reprendrai ce travail, ce sera l'angle d'étude que je choisirai.

ENCYCLOPEDIE : PENSEES

La **pensée** est l'activité psychique ou mentale, consciente dans son ensemble mais parfois incontrôlée comme avec les pensées-nuages, et qui recouvre les processus mentaux élaborant des concepts en réponse aux perceptions venues des sens ou aux émotions.

Les pensées aident à apprendre, à jouer, à discourir, à raisonner, à juger. Elles relèvent précisément de la cognition, ce processus mental qui recouvre principalement l'acquisition du savoir et, en premier lieu, du langage.

Mes observations du jour (20/4)

« Me promenant en ville, l'autre jour, j'ai entendu tout à coup un miaulement plaintif au-dessus de moi. J'ai levé les yeux. Sur le bord du toit se trouvait un petit chat. »

« L'homme descend davantage du signe que du singe : il tient son humanité d'un certain régime symbolique ou signifiant. »

« L'empire des signes double ainsi notre monde naturel. Par tout un réseau de représentations codées et de signes qui sont autant de pare-chocs opposés à la dureté du monde, nous enveloppons, nous filtrons et du même coup nous maîtrisons le réel extérieur. »

Vestibule

Pensée #5 « Être intelligent pourrait être relatif à la capacité de détecter et de comprendre les signes, symboles ou représentations mentales ; être phénoménologiquement conscient serait alors bien autre chose, ce serait être capable d'éprouver ces signes, symboles ou représentations mentales.

(II) Ce qui est à retenir...

Si les trois types de représentations mentales manipulées par mes états mentaux sont les perceptions de ce que l'environnement extérieur m'envoie, les émotions et les pensées, ...

Si mes états mentaux sont relatifs aux processus inconscients, au sommeil paradoxal et aux expériences conscientes, cognitives-fonctionnelles ou phénoménales, ...

J'observais que des émotions-nuages et pensées-nuages pouvaient assaillir mon champ de conscience, sans avoir identifié d'où elles venaient. Ce sera l'objet de mon travail ultérieur.

(III)

JE crée un MONDE INTÉRIEUR

Où il est question de nos comportements naturels, des mènes culturels et de notre personnalité.

D'où viennent les pensées-nuages tout comme les émotions-nuages ? Qu'apportent-elles par rapport à leurs grandes sœurs purement cognitives, celles de l'apprentissage, du raisonnement, du jugement, de l'argumentation ? Où naissent-elles toutes ?

Est-il possible que nos pensées et comportements soient la manifestation du monde intérieur que je me suis construit, au fil de mes années de vie, grâce aux expériences du *JE* ?

Ce que JE me suis construit...

Quelques jours se sont écoulés depuis ma dernière présence ici, assis à ce bureau. L'actualité faisait que mon regard devait se poser non plus sur moi mais sur mes pairs, mes proches et moi parmi eux. C'est-à-dire sur nous tous dans le monde, dans ce monde extérieur.

Ah ! le monde extérieur ... Dans sa course légitime au bonheur, chacun de nous, homme ou femme ordinaire, tente d'arriver seul en tête. Tous, par une disposition primitive de notre nature grossière, nous pensons que le bonheur passionnel ou notre intérêt personnel naîtra d'une conquête solitaire. Or notre nature grossière est avant tout celle d'un animal.

Aux antipodes, les rares individus qui voient un frère ou une sœur dans l'étranger ou même dans l'ennemi, qui regardent l'autre droit dans les yeux, droit au-delà des yeux, ceux-là n'acceptent plus les pensées ou les actions déterminées par la superficialité de cette vie animale. Une exigence naît alors en eux, porteuse d'espoirs mais aussi d'efforts. J'ai rencontré de tels êtres...

Le monde dit extérieur est une illusion, que le seul monde véritable est celui que je crée en moi, que c'est avec mes pensées que je le crée. « Nous sommes tous dans le *monde*, *mais* nous *ne* sommes *pas de ce monde* », n'est-ce pas ?

J'ai compris qu'en étudiant mon monde intérieur, je me donnerais l'occasion de chercher un soi, un intérieur bien plus sacré, caché derrière ma personnalité, derrière des créations mentales personnelles ou culturelles.

Ainsi chacun de nous possède sa propre perception de ce qui nous entoure, sa propre réalité ; chacun se construit, par le biais des expériences du JE, un monde intérieur. Si j'ose une analogie cinématographique, dans laquelle le projecteur est ce JEFE qui décide, oriente l'attention, et les pellicules de film sont les informations externes ou internes que je me projette, le monde intérieur sera la salle de cinéma. C'est-à-dire un espace fermé ou ouvert, une langue, les mèmes culturels que vous y avez mis, un catalogue de films, l'architecture de l'espace.

Comment définir ou décrire ce monde intérieur ? Alain Pozarnik a essayé, en évoquant une 'boîte de Pandore' : « *chacune de nos actions, de nos pensées, de nos émotions a une cause, une multitude de causes que nous ne percevons pas et qui proviennent de la boîte de Pandore. Elles proviennent de nos peurs et de nos désirs, de notre éducation, de nos savoirs,*

de notre milieu familial et professionnel, de nos ambitions en inhibitions. » En deux mots, le monde intérieur !

Comme chacun d'entre nous, je vois le monde qui nous entoure et ma place dans ce gigantesque espace-temps, à travers les lunettes déformantes de mon monde intérieur. Ce dernier colore mes idées, mes sentiments, mes analyses et mes jugements à partir des éléments anciens qui y ont été intégrés, de souvenirs douloureux ou plaisants, et du système de pensées qui l'a architecturé (religieux/ croyant, scientifique/rationnel, pragmatique et autodidacte, ...).

Si je tente, là rapidement, de décrire mon monde intérieur, je dirais que ma boîte de Pandore est franco-anglophone, construite selon les mèmes culturels de l'Occident du XXème siècle, une architecture spirituelle laïque et un savoir-faire d'ingénieur. Dans mon monde intérieur, les individus de notre espèce sont des êtres spirituels qui vivent une expérience humaine dans la matière dense d'un corps d'Homo Sapiens ; cet univers fini et matériel dans lequel ce corps essaie de se mouvoir est issu de la naissance d'un premier proton au milieu de 'vide' quantique, comme une bulle de savon, il y a treize milliards d'années ; il y a eu un avant le Big Bang et il existe probablement d'autres univers matériels. D'autres plans que celui dans lequel 'je' me meus nous sont accessibles, ce sont d'autres dimensions dans lequel nous faisons ou pouvons faire d'autres expériences. Et, toujours dans mon monde intérieur, l'amour est (naïvement...) presque au cœur de tout.

Dans le monde intérieur d'un autre individu Homo Sapiens, peut-être sommes-nous des animaux dotés d'une intelligence particulière, appelés à disparaître en tant qu'individus comme en tant qu'espèce ? Chez un autre le monde est d'inspiration woke, centré sur les questions d'égalité, de justice et de défense des minorités. Dans le monde intérieur d'un troisième, Allah nous a tous créés à partir d'argile et notre forme n'a pas évolué depuis la nuit des temps. Enfin, celui d'un individu d'un peuple autochtone ne se laisse pas distraire par le vacarme des hommes qui se disent civilisés, ou par leur quête insatisfaite ; il se les représente comme des animaux prisonniers dans un enclos. Ce sont quatre exemples de monde intérieur, des exemples de 'réalité subjective' créée par quatre cerveaux d'Homo Sapiens.

Personne ne devrait avoir le droit de dire que le monde intérieur qu'Untel s'est construit est aberrant, absurde, boiteux, erroné, fautif, illogique, incongru, inexact, mauvais ou mensonger… La faculté de conscience dont je parle, qui est en moi, en vous, en chacun de nous, est la même pour tout le monde ; c'est ce qu'elle a construit au fil de ses années qui est différent. Et le monde intérieur qu'elle s'est construit, contenant des certitudes, des pensées comme « *nous sommes tous égaux* », « *les ressources devraient être partagées* », « *j'aime les garçons plutôt que les filles* », « *j'ai peur des personnes de couleur* », « *mon pays a un sens, c'est une seule et même nation qui doit fermer ses frontières* », « *Dieu est un être barbu, vivant dans l'Olympe* », « *les animaux sont des êtres inférieurs* », « *Les hommes sont comme des animaux enfermés dans un enclos* », « *la vie est un combat pour l'égalité, la justice et la défense des minorités* », ce monde-là n'est ni bien, ni mal ; c'est le sien, c'est le vôtre, c'est le mien.

Personne ne devrait avoir le droit de dire que son monde intérieur est plus vrai ou plus réel que celui de son prochain. Et pourtant...

Pourtant combien de disputes en famille, d'empoignades entre amis, de différends philosophiques, de bataille d'idées, de guerres de religion, de tensions politiques, de conflits armés, ... parce que le monde intérieur des uns est soi-disant antinomique, provocateur, irrespectueux, blasphématoire, très dangereux ... pour les autres ?

Combien de conflits entre mondes intérieurs aboutissant à la mort des corps physiques qui les portent ?

Au passage, je comprends que ceux qui pourraient vouloir imposer leur monde intérieur, enfermer d'autres individus dans un seul système de pensées, dans un monde intérieur unique, et culpabiliser ces derniers à toute incartade vis-à-vis de la ligne de pensée 'officielle', autorisée, accréditée, orthodoxe, ceux-là pourraient être tentés d'agir en fait pour leur propre compte (et donc pour le pouvoir) ou par peur de la liberté qui nous est donnée à tous... Parce que créer son monde intérieur donne une réelle liberté.

Alain Pozarnik *à nouveau* : « *La liberté ne réside pas tant dans le fait d'échapper à toutes formes d'influences que d'exercer sur nous-mêmes la liberté de nous créer plus homme, d'achever notre nature, de la mener à maturation, de diriger notre vie parmi les autres vies.* »

Comment mon *JE* crée-t-il un monde intérieur ? Comment exerce-t-il la liberté de me créer davantage homme ? Existe-t-il des architectures et donc des architectes du temple intérieur ? Des réponses existent et nous y reviendrons peut-être/

Pour commencer, je note que pour s'y retrouver et donner du sens, le cerveau humain a besoin de classer toutes les données qu'au fil d'une vie mon *JE* emmagasine, consciemment ou non. Ces informations sont ordonnées en catégories. C'est ce que l'on appelle les **pensées catégorielles**: une forme de pensée qui permet d'opérer des classements d'objets en fonction de caractéristiques communes. Par exemple, il peut être utile de différencier les torchons des serviettes car cela permettra de mieux essuyer la vaisselle. Autre exemple : un *JE* peut trouver utile de regrouper tous les animaux (à l'exception de l'Homo Sapiens) dans une catégorie et les êtres humains dans une autre, parce que dans le monde intérieur qu'il construit il veut distinguer le comportement animal dans son environnement de celui de ses pairs domestiqués ; un autre peut trouver utile de différencier les êtres humains de sexe féminin et ceux de sexe masculin, pour des raisons médicales gynécologiques.

Mon monde intérieur s'est structuré en catégories, par nature mais aussi par pragmatisme ou mimétisme : ma grand-mère m'a appris pourquoi il était utile de différencier torchons et serviettes ; ma formation de soignant animalier m'a appris pourquoi différencier le comportement naturel d'un animal à l'état *sauvage* et celui d'un animal domestiqué par l'homme ; ma formation a conduit à forcer dans mon monde intérieur et à des fins professionnelles, une catégorisation entre l'individu masculin et l'individu féminin.

Mais ces catégorisations qui rangent mes images mentales dans des sous-boîtes (de la grande boîte de Pandore) pour plus facilement les retrouver, ne doivent pas structurer mon système de pensées. Parce que les écueils d'un système de pensées **systématiquement** catégorielles sont connus :
i) un premier danger est de compresser, c'est-à-dire d'estimer que tous les éléments du contenu de la catégorie sont semblables en tout point (hormis l'homme, tous les animaux sont semblables : ce sont des animaux-machines !) ;
ii) le second risque est d'amplifier les disparités entre les catégories, autrement dit, de stéréotyper les membres des autres groupes, de leur coller une étiquette (l'homme est intelligent, l'animal non) ; iii) le troisième danger est de privilégier une catégorie au détriment des autres (l'être humain féminin doit porter l'hidjab de façon à cacher ses atours et ne pas attirer le regard des hommes).

Ainsi, notre défi à tous est de réussir à construire notre monde intérieur le plus ouvert possible, le plus riche possible de nos expériences et de celles des autres, le plus haut en couleurs ; pour ce faire, il nous faut certes ordonner toutes les informations perçues dans des catégories (comment faire sinon ?!?), sans que cette classification conduise à une pensée systématiquement catégorielle qui alors compresserait, amplifierait ou privilégierait une sous-catégorie au détriment d'une autre !

∞∞∞

Une autre caractéristique semble présider à l'organisation dynamique de mon monde intérieur : s'y trouvent conjugués, pêle-mêle, à la fois ce qui, dans mon monde, est semblable chez chaque individu de mon espèce, ce qui est semblable uniquement chez ceux du même groupe socio-culturel et ce qui m'est propre.

Il est temps de faire une pause... Je reprendrai tout ceci demain et les jours suivants.

Ce que ma nature, mon espèce disent de moi

Tôt ce matin, je me lève, descends au rez-de-chaussée et aperçois un écureuil, au fond de notre jardin. J'en suis d'autant plus surpris que nous n'avons ni chêne, ni noyer qui pourrait expliquer sa présence. Mon état conscient opère alors un savant mélange entre l'expérience phénoménologique qui m'est offerte (*je savoure la beauté du moment*) et la fonction cognitive qui se déclenche (« *mais dans quel arbre recherche-t-il des fruits ?* »). Il est dit que l'écureuil, sortant très tôt le matin, se montre aux lève-tôt qui aperçoivent ainsi et surtout son derrière ou son *poistron*. Ce matin, dès potron-jaquet (à défaut de potron-minet), je vois effectivement le *poistron* du jacquet... Ce matin donc, la nature, par le biais de Jacquet l'écureuil et par le truchement d'une expression désuète mais ravissante, s'invite donc dans mon champ de conscience.

Où s'arrête la nature et commence la culture ?

Du point de vue de la 'conscientologie' (si je peux me permettre ce néologisme), mon intuition me souffle que la nature me donne la capacité de créer des représentations mentales à partir des signaux reçus, et la faculté d'en être conscient, alors que la culture ainsi que probablement ma personnalité interviennent dans la complexité de la représentation associée et dans son traitement par la conscience cognitive et fonctionnelle ξ.

J'ai à nouveau besoin de prendre des avis d'experts sur la question... Et qui d'autre que Lévi-Strauss pourrait mieux m'éclairer ? « *La culture,* écrit-il, *a pour rôle primordial d'organiser ce que la nature laisse au hasard. Or la nature impose l'alliance, l'instinct sexuel a besoin d'autrui mais elle ne dit pas comment l'alliance doit s'organiser. C'est donc la culture qui va définir les modalités de l'alliance par l'intermédiaire de la règle, de la prohibition de l'inceste, 'on n'épouse pas sa mère, sa sœur, etc.' [...]* **La nature est ce qui demeure invariable et communément partagée par l'ensemble des cultures,** *tandis que la culture est la manière particulière dont ce qui tient lieu d'invariant universel est traité par la communauté »*. De fait la réflexion de Lévi-Strauss nous amène à pouvoir établir un critère déterminant ce qui est naturel et ce qui est culturel, puisque la culture commence dès lors qu'une chose invariable est traitée et particularisée de façon singulière par une communauté...

En fait, ce qui relie tous les individus de l'humanité, vous et moi, tient à la fois à notre réalité biologique (notre nature) et à la réalité des faits sociaux auxquels nous sommes soumis (notre culture). C'est la conjugaison de ces deux ordres de la réalité qui fait l'unité de notre espèce, dans la mesure où elle détermine une probabilité de comportement à l'intérieur d'un intervalle où se jouent toutes les possibilités.

Ainsi les travaux de Claude Lévi-Strauss ne viennent pas contredire l'hypothèse que j'ai formulée plus haut, selon laquelle :

- la réalité biologique - la nature - me fournit le **contenant**, le matériau pour percevoir, m'émouvoir, penser, être conscient, sous la forme d'un système psycho-physique complexe et efficient (mon cerveau) ;
- la réalité des faits sociaux et culturels auxquels j'ai été soumis sculpte, façonne, burine le **contenu** sous forme d'une personnalité et d'un système de valeurs ou de croyances relatifs à mes groupes sociaux-culturels.

Cela dit, même si ma proposition concernant l'apport de la nature dans l'architecture plus globale de la conscience semble encore tenir, la lecture de l'œuvre de l'anthropologue m'a permis d'identifier deux défauts ou lacunes dans le panorama :

- il faut élargir ce qui n'est pas conscient à **l'inconscient ou l'instinctif** dans la mesure où j'ai, nous avons tous des comportements instinctifs qui, en situation d'urgence, l'emportent sans peine[25] sur les attitudes et actes conscients ;

---

[25] « *Dans une situation perçue comme immédiatement dangereuse, le cerveau déclenche brutalement tout un ensemble de réactions biologiques et réoriente l'énergie vers les zones où elle est la plus nécessaire à la survie.* » V. Zartarian.

- il existe probablement des catégories de la conscience cognitive-fonctionnelle que je n'ai pas encore identifiées et qui n'ont rien à voir avec la culture ou la personnalité dont j'étudierai les jours prochains ; par exemple, le *processus cognitif permettant de poser un problème de manière réfléchie en vue d'obtenir un ou plusieurs résultats* (le **raisonnement** !) entre dans les catégories omises ou pas encore décrites.

Je rajoute l'élément 'nature' sur la figure que je construis au fur et à mesure de mes observations et inductions…

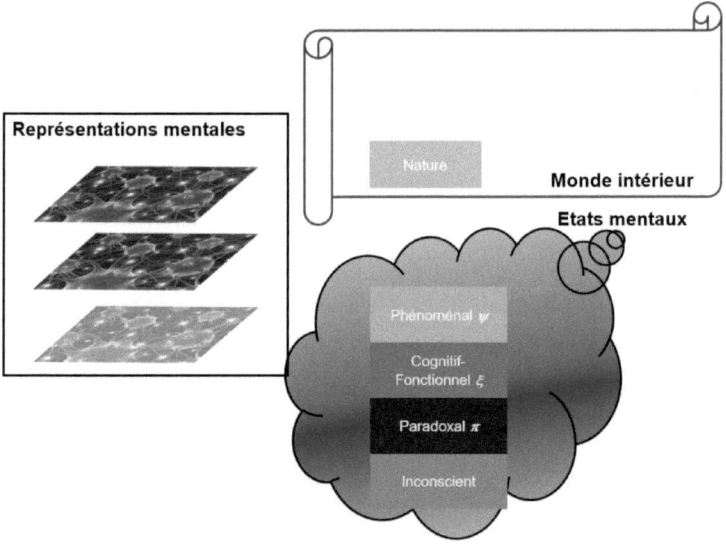

…ainsi que quelques lignes dans mon encyclopédie :

Je n'ai plus Jacquet l'écureuil mais Agathe la chatte, qui s'est approchée à pas feutrés. Je souris devant cette mise en situation qu'elle me propose à nouveau, sans le savoir ; oui, voici encore l'exemple d'une représentation mentale (la perception de sa présence) qui était inconsciente jusqu'à ce qu'elle s'enrichisse d'une information et devienne ainsi consciente. Alors naît la pensée « *Agathe s'approche de moi* ».

Entre une amibe et l'individu que je suis et qui appartient à l'espèce humaine, se trouve probablement le chat, avec un cerveau plus petit que le mien, mais tout aussi capable d'offrir des états conscients plus ou moins intenses, ou de créer des représentations mentales plus ou moins complexes. Et s'il y a probablement d'énormes différences dans les systèmes psycho-physiques qu'Agathe et moi nous sommes construits intérieurement, il y a aussi très probablement des points communs, du fait de notre commune appartenance au règne animal et à la classe des mammifères.

Je dois donc pouvoir envisager une ressemblance entre certains comportements et attitudes d'Agathe et certains des miens… Lesquels par exemple ? L'instinct de survie ? Les attitudes entre parents et enfants ? Le jeu ? La sociabilité (les interactions sociales et les raisons pour lesquelles des individus d'une même espèce se regroupent) ? Je ne suis pas certain d'y parvenir… Peut-être ma question n'a pas de sens ou elle est mal formulée.

Je reprends : le mécanisme d'interprétation par mon cerveau des signaux extérieurs, conduisant à ma perception, et de ceux intérieurs, devenant mes émotions, est probablement commun à une amibe, à Agathe et à moi ; c'est la nature qui nous en a doté. Mais je cherche aussi à savoir ici si certaines représentations mentales associées aux perceptions, aux émotions, voire aux pensées déclenchent des attitudes ou des sentiments conscients qui pourraient être universels, identiques à ceux de tous les autres êtres humains, en pareilles circonstances. Le mécanisme, c'est-à-dire le contenant, est naturel ; avons-nous un contenu (des sentiments, des attitudes, des comportements) qui le soit aussi ?

Et une autre question me taraude : où s'arrête la nature et où commence la culture ? Non pas du point de vue de la psychologie mais de celui de la 'conscientologie', si je m'autorise ce néologisme.

J'étudierai ceci demain…

Ce que ma culture dit de moi...

A mon réveil, une odeur vient me flatter les narines. Notre hôte afghan, Mohammad Samim, cuisine son petit-déjeuner avant de partir travailler, nous laissant parfois un ferni ou un milkshake à la banane très onctueux. Depuis plus d'un an, nous l'hébergeons à titre gracieux, afin de lui permettre d'apprendre le français et d'obtenir un contrat de travail qui ne soit plus provisoire. En échange, nous découvrons la culture pachtoune, sa musique, sa cuisine, son art de vivre.

∞∞∞

En lisant Yuval Harari, j'ai découvert récemment que pour vivre, c'est-à-dire ici pour donner du sens à sa vie, chacun d'entre nous a besoin de se raccrocher à un récit culturel, ou de s'en constituer un si aucun ne lui convient. Certains optent pour le récit religieux, juif, chrétien ou islamique : tout ceci est l'œuvre de Dieu, Allah est grand ; d'autres pour le récit scientifique occidental matérialiste : nous ne sommes que des poussières d'étoile ; d'autres pour une formulation fataliste : '*c'est comme ça*', répètent-ils. Quand on prend conscience que ce récit est certes important et structurant, mais qu'il reste un récit, c'est-à-dire une histoire inventée par l'homme, peut-être éloignée de la Vérité avec un grand V, on a déjà fait un bout de chemin. Reste alors à s'observer, à identifier le ou les récits que l'on s'est construit et qu'on utilise individuellement ou collectivement, et à faire l'expérience de moments de vie dépollués de toutes ces scories...

L'importance du récit selon Yuval Harari me fait aussi penser à la fable des trois casseurs de cailloux, de Charles Péguy. En se rendant à Chartres, il aperçoit sur le bord de la route un homme qui casse des cailloux à grands coups de maillet. Les gestes de l'homme sont empreints de rage, sa mine est sombre. Intrigué, Peguy s'arrête et demande : *'Que faites-vous, Monsieur ? – Vous voyez bien,* lui répond l'homme, *je casse des cailloux'.* Malheureux, le pauvre homme ajoute d'un ton amer : *'J'ai mal au dos, j'ai soif, j'ai faim. Mais je n'ai trouvé que ce travail pénible et stupide'.* Un peu plus loin sur le chemin, notre voyageur aperçoit un autre homme qui casse lui aussi des cailloux. Mais son attitude semble un peu différente. Son visage est plus serein, et ses gestes plus harmonieux.

'Que faites-vous, Monsieur, questionne une nouvelle fois Peguy ? – *Je suis casseur de pierre. C'est un travail dur, vous savez, mais il me permet de nourrir ma femme et mes enfants.'* Reprenant son souffle, il esquisse un léger sourire et ajoute : *'Et puis allons bon, je suis au grand air, il y a sans doute des situations pires que la mienne'.* Plus loin, notre homme rencontre un troisième casseur de pierre. Son attitude est totalement différente. Il affiche un franc sourire et il abat sa masse, avec enthousiasme, sur le tas de pierre. Pareille ardeur est belle à voir ! *'Que faites-vous,* demande Peguy ? - *Moi, répond l'homme, je bâtis une cathédrale !'*

Les trois récits culturels, intériorisés et différents, ont conduit à trois expériences de vie, différentes.

∞∞∞

Je suis de retour dans la pièce bleue et en selle pour reprendre l'étude des observations intimes, je relis mes écrits de la veille : hier l'espèce et la nature, aujourd'hui la culture. C'est une question tout aussi difficile : jusqu'à quel point l'individu que je suis (ou qu'est Mohammad Samim) a-t-il été influencé par son groupe familial, social ou culturel ? Quelle est la part de mon monde intérieur due à ma culture ? Qu'entend-on d'ailleurs par culture ?

Aujourd'hui on reconnaît au mot culture deux sens. Premièrement, la culture se rapporte à la connaissance des arts, de la littérature, etc… ; on dit avoir de la culture, et de la culture générale en particulier. Deuxièmement, du fait de son appartenance à un tel groupe socio-culturel et non pas à tel autre, la culture englobe tout ce que l'individu apprend de ce groupe : ses points de vue, ses valeurs, ses attitudes, ses techniques. Il s'agit ici de considérer la seconde définition, comme le fit Lévi-Strauss dans ce que j'ai lu hier.

Alors quelle est la part de *mon monde intérieur* que je dois à mon groupe socio-culturel ? Moi, occidental, athée fidèle, issu

du monde ouvrier ? Parmi les différents systèmes psycho-physiques qui ont pu déterminer mon adaptation, j'en partage certains avec les individus des groupes sociaux, culturels ou religieux auxquels j'ai appartenu. Par exemple :
- je partage le système de valeurs propres au milieu rural et ouvrier, avec mon environnement familial immédiat,
- j'ai en commun avec mes camarades de promotion le système de pensées d'une grande Ecole,
- etc.

Je ne sais pas si j'ai articulé ces différents ingrédients socio-culturels d'une façon qui m'est unique, mais ils sont tous communs au sein des groupes auxquels j'ai appartenu ou j'appartiens encore. A certains égards[26] et tout comme chacun de nous, je suis :

- un peu semblable à tous les autres (c'est la caractéristique de notre espèce, de notre nature d'Homo Sapiens),
- un peu semblable à quelques autres (c'est la caractéristique de ma culture),
- nullement semblable à quiconque (ce sera la caractéristique de ma personnalité !).

M'observer et analyser ces observations pourraient dorénavant consister à faire le tri dans mes comportements, actions et pensées entre

- ce que je peux avoir de commun avec tous les autres (parce que j'appartiens à l'espèce humaine),
- ce que je ne partage qu'avec quelques autres (les membres de mon groupe culturel, social ou familial),

---

[26] Kluckhohn, C., & Murray, H. A. 'Personality Formation: The Déterminants », 1953.

- et enfin ce qui est semblable à nul autre (parce que c'est ma personnalité).

Mais je n'effectuerai ce travail passionnant que lorsque j'aurai étudié ce qui fait ma personnalité, c'est-à-dire ce qui est semblable à nul autre. Aujourd'hui, je me concentre sur ce que je partage avec quelques autres.

Quand je dresse, même partiellement, le tableau du savoir cognitif et fonctionnel de tout un groupe social, de toute une nation, voire de toute une culture, quand j'énumère les comportements, points de vue, valeurs, attitudes et codes que j'ai appris des groupes socio-culturels auxquels j'appartiens ou auxquels j'ai appartenu et dans lesquels j'évolue…
… de légers frissons m'envahissent. Se pourrait-il que je mime certains de ces comportements ou points de vue ? Que je les copie, que je singe…

Dans le ciel clair qu'est mon champ de conscience passent parfois des nuages. Certains d'entre eux sont des expressions psycho-physiques culturelles, collectives, corporatives ou ethniques. Ce que l'on appelle des mènes… Le mème est un élément de langage reconnaissable et transmis par répétition d'un individu à d'autres. Cette définition donnée par Richard Dawkins résulte de l'hypothèse selon laquelle les cultures évolueraient comme les êtres vivants, par variation et sélection naturelle. À l'instar du gène, le mème serait une unité de base dans l'évolution, une unité cognitive échangeable, permettant la réplication au sein d'un milieu social de *complexes mémiques*, appelés mémotypes.

Par exemple, *j'ai porté très longtemps une cravate et une chemise blanche pour aller au bureau ; j'ai voté pour des candidats de droite, comme mes parents, lorsque je fus en âge de me rendre aux urnes ; je sais depuis tout petit que pour la maison bleue / Adossée à la colline / On y vient à pied / On ne frappe pas / Ceux qui vivent là / Ont jeté la clé...* Voici quelques mèmes que j'ai fait miens et qui caractérisent mon adaptation à la société.

∞∞∞∞

Ainsi, les états conscients embrasseraient un large spectre, de l'état paradoxalement conscient π lors du sommeil, à l'état phénoménal conscient ψ. Entre les deux (ce n'est qu'une figure de style et non la démonstration qu'il s'agisse là véritablement d'un intervalle !), entre les deux donc, je positionne les états conscients cognitifs ξ qui peuvent être assaillis de ces pensées-nuages issues entre autres des systèmes psycho-physiques culturels que je me suis organisé intérieurement.

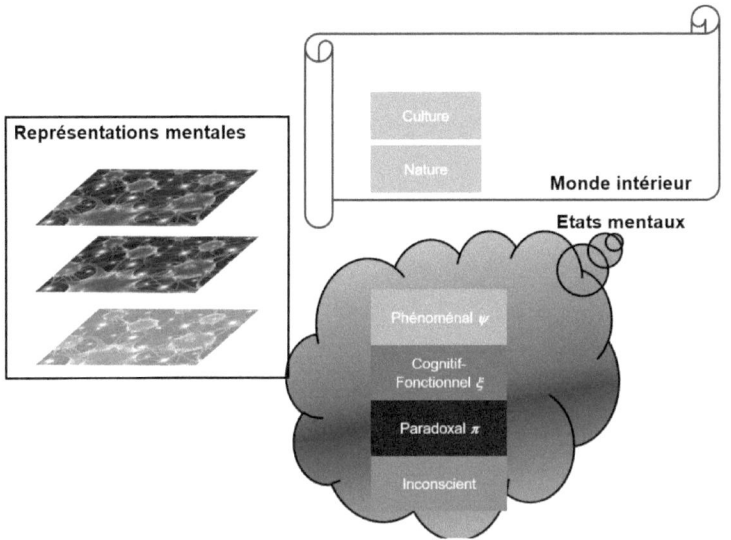

Si cette proposition est correcte, elle signifie alors que la même information ou le **même** signal extérieur peut déclencher en chacun de nous la création de représentations mentales intérieures très **différentes,** selon que l'information reste dans notre inconscient, que nous rêvons, que nous avons grandi au sein de telle culture particulière, ou que nous faisons là une expérience phénoménale consciente. **Il n'y a jamais rien de véritablement objectif, en fait...**

A nouveau, j'ai besoin de prendre un exemple... Il se présente à moi sous la forme du tableau de 'Sainte Anne, la Vierge et l'Enfant' dont une copie décore un pan de notre maison. Je l'observe et essaie d'appliquer ce que mon esprit a formulé dans les lignes précédentes :

- tant que je ne regarde pas cette image explicitement et consciemment, la représentation mentale que je m'en fais est probablement primitive ;
- si l'image m'apparaît pendant que je dors, la représentation est peut-être très floue et nimbée d'un halo d'une autre couleur ;

- si je l'examine, éveillé, et procède à une description froide, je me crée probablement une représentation mentale chargée d'informations concernant les formes, les couleurs et leur harmonie : deux femmes, un enfant, un agneau, une ébauche de paysage montagneux...
- si je laisse ma culture ou ma personnalité inférer, la représentation intérieure va se charger de l'information supplémentaire : « *C'est la Vierge Marie, sa mère Anne et l'Enfant Jésus* » ;
- enfin, si je vis l'expérience en pleine conscience, davantage que je ne l'analyse, les nuances de bleu dans cette image de la Vierge font naître en moi une expérience consciente dont les qualités ou qualia restent indicibles, impartageables, phénoménales ...

La même information, le même signal déclenche probablement autant de représentations mentales ... qu'il y a d'individus la percevant (de l'espèce humaine aux espèces animales les plus évoluées). **Chacun crée son monde intérieur, souvenons-en...**

∞∞∞∞

Je note par ailleurs que cette analyse est tout-à-fait cohérente avec la proposition introduisant des degrés d'intensité dans les états conscients ; il suffit d'élargir le champ des possibles :

- soit les représentations mentales, entre celles créées pendant la phase paradoxale du sommeil et celles conduisant à l'expérience phénoménale, ont différents degrés de **complexité** ;
- soit le phénomène de conscience a différents degrés d'**intensité** ;
- soit les deux !

∞∞∞∞

Je porte ces quelques éléments dans mon encyclopédie...

Encyclopédie : l'influence *CULT*urelle

Quand je fais une expérience phénoménologique consciente ψ (je ressens l'effet que cela fait d'être conscient) ou quand j'utilise ma conscience cognitive ξ (je raisonne), les états conscients associés sont ceux du *JE*.

Parfois dans ce ciel clair, passent des nuages. Certains d'entre eux sont des expressions psycho-physiques de ma personnalité (*EGO*) ; d'autres relèvent de la culture (*CULT*).

A l'intérieur de l'individu, ces pensées-nuages reflètent l'organisation dynamique de ses systèmes psycho-physiques, ceux-là mêmes qui déterminent son adaptation au milieu d'une manière qui lui est unique (l'*EGO* ou le *MOI*), ou qui est semblable à quelques autres (*CULT*).

Puis je caresse Agathe, avant de faire ma pause du jour : « *Agathe, la nature nous a donc équipés, toi et moi, d'un matériau fort sophistiqué qui nous permet de percevoir, de nous émouvoir, de réfléchir ; je ne vois pas pourquoi je devrais retirer la réflexion de tes facultés multiples ! Un grand maître de mon espèce, Lévi pour faire simple, a dit que, ce faisant, la nature nous impose une alliance, mais qu'elle n'en fixe pas les modalités. C'est la culture qui le fait, en donnant des règles, des lois, des rituels, des manières d'être dans une communauté, dans la société. Ta culture, Agathe, et la mienne sont très, très différentes mais toutes deux partagent néanmoins un même petit lot avec les comportements nous permettant de cohabiter. Dans tout ce que nos cerveaux doivent traiter, à chaque seconde, la part qui nécessite un état conscient, cognitif-fonctionnel ou phénoménal, est très faible... La plupart du temps, Agathe, toi comme moi agissons comme des automates. Je comprends mieux pourquoi René Descartes a introduit, dans son "Discours de la méthode", la théorie selon laquelle tous les mouvements de l'animal peuvent être expliqués à l'aide des lois générales de la mécanique : l'animal est un 'animal-machine'. Mais il a omis de poursuivre et de préciser que l'homme l'est aussi !* »

Mes Observations du jour

Je me revendique athée fidèle ou laïc spirituel, c'est-à-dire sans Dieu, mais attaché aux valeurs judéo-chrétiennes.

Je note que je continue de bougonner au volant de ma voiture, contre le comportement inadapté de certains automobilistes

Je cuisine par obligation, mais pas vraiment (encore) par plaisir.

J'adore faire la connaissance des autres et de leur culture (les Navajo en Arizona, les Bantous au Congo, les Pachtounes d'Afghanistan, ...).

Je suis incapable de tuer un être humain, et je n'ai pas eu à me tester concernant les animaux

Ma libre gestion des conflits aurait davantage rassemblé à la méthode des Bonobos qu'aux règles établies du parfait manager leader

Je n'ai appris à aimer les arbres et à leur parler que sur le tard.

Je suis incapable de déambuler nu en société.

J'ai conscience de tout ceci

Quelques-uns de mes mènes : j'ai porté très longtemps une cravate et une chemise blanche pour aller au bureau ; j'ai voté pour des candidats de droite, comme mes parents, lorsque je fus en âge de me rendre aux urnes ; je sais depuis tout petit que pour *la maison bleue / Adossée à la colline / On y vient à pied / On ne frappe pas / Ceux qui vivent là / Ont jeté la clé...*

Ce que ma personnalité dit de moi...

Ces semaines de travail m'ont permis de mettre un mot sur certaines pensées-nuages : parmi elles se trouvent des pensées liées à mes appartenances socio-culturelles ; ce sont des mènes.

A la vue, ce matin, de la citation mentionnée dans mon almanach - *"le travail sur l'ego va être une des premières épreuves capitales de la traversée."* – j'ai compris le signe qui m'était envoyé. Aujourd'hui, je reprends mes observations intimes et mon écriture, pour étudier ma personnalité, l'ego.

Avant de me remettre néanmoins au clavier, je recherche ce que les psychologues, celles et ceux qui étudient la psyché humaine, ont écrit à propos de la personnalité, du *MOI*. Par exemple, Wilhelm Reich et Alexander Lowen montrent comment le moi se construit en réaction aux différentes peurs éprouvées par l'enfant au cours de son développement : *« peur d'être rejeté, exclu, abandonné, contraint, forcé, abusé, humilié, manipulé, trahi, contrôlé, jugé – des peurs qui dérivent toutes de la grande peur d'être anéanti et de ne pas pouvoir exister. Le moi apparaît donc lié à l'instinct de survie. Il est la personnalité que nous avons construite pour nous adapter aux circonstances de la vie. Comparable à une carapace ou à une armure, cette personnalité s'est développée à la superficie de notre être. »*

Je transcris la suite directement dans mon *carnet* : « *Les comportements de défense qu'elle exprime sont censés nous préserver de ce qui pourrait nous mettre en danger. Fuir, se cacher, dissimuler, séduire, attirer, manipuler, s'attacher, vouloir posséder, tenter d'être parfait pour s'imposer, juger, repousser, s'opposer, être en compétition, envahir, agresser, contrôler.* »

C'est mon *'Eurêka!'* à moi ; j'ai trouvé ! L'un des maillons qui me manquaient, et que Christophe André probablement englobe dans ses 'pensées-nuages', correspond à la personnalité, aux pensées *EGO*tiques liées à cette carapace psychologique que chacun se construit au fil de sa vie.

Formulé autrement, la personnalité est l'ensemble de ces préjugés, croyances, schémas de pensée et modes de comportements, hérités de nos ancêtres, conditionnés par la culture, forgés par l'éducation ou influencés par nos expériences. C'est une fausse identité, celle que nous utilisons pour nous adapter à la société, au monde extérieur.

Alors je me lève, fort de ma découverte et décidé de la partager avec Claire, ce que je fais dès que je la vois. Elle m'écoute, sourit puis cherche rapidement une feuille de papier sur laquelle un texte a été écrit, agrémenté de quelques figures, sous le titre de 'La métaphore du petit gilet'.

La métaphore du petit gilet

Dans notre enfance, nous avions tricoté un 'petit gilet' pour nous protéger du froid. Devenus adultes, nous continuons à le porter. Il nous a bien rendu service mais il est devenu trop étroit et démodé.

Il faut envisager de porter autre chose. Mais nous y tenons beaucoup à notre petit gilet ! Pas question de le jeter. Il faudrait se procurer ou fabriquer quelque chose de plus adapté à notre taille. On peut garder les anciens boutons ou un morceau de tissu en bon état.

Mais nous devons nous questionner. Ce fonctionnement rigide et intransigeant qui date de l'enfance et de l'adolescence est-il toujours d'actualité ?

Comment être plus flexible et faire davantage confiance à l'adulte que nous sommes devenus ?

Je comprends que les mécanismes subtils qui m'ont permis de tenir le coup dans ma vie d'enfant ou d'adolescent ne peuvent pas être annulés du jour au lendemain. Même si mon gilet est probablement devenu trop petit ou inadapté, il faudrait que je sache être flexible, que je me fasse davantage confiance…

∞∞∞

Je ne retourne pas tout de suite dans mon *bureau d'étude*, la pièce bleue. Je tourne mon regard vers l'autoportrait de Frida Kahlo au collier d'épines, exposé dans le cabinet de Claire, puis prends un ou deux ouvrages qui abordent ce sujet.

La définition la plus moderne de la personnalité est la suivante : « *L'organisation dynamique à l'intérieur de l'individu des systèmes psycho-physiques qui déterminent son adaptation au milieu d'une manière qui lui est unique* »[27] Comment décrirais-je l'organisation des systèmes intérieurs qui déterminent mon adaptation ? Je me lance …

Pour m'adapter, j'ai développé une personnalité davantage extravertie (E) qu'intravertie (I) ; je vais chercher mon énergie au contact du monde extérieur. Mais l'extraversion correspond-t-elle davantage à ma véritable identité ? Je ne le pense pas.

Pour m'adapter encore, je suis devenu davantage intuitif (N) que sensoriel (S) : la plupart du temps, j'utilise l'intuition quand je veux faire des liens entre les informations, en m'intéressant

[27] Allport, Gordon, 'Personality: a psychological interpretation'. New York: Holt, p. 48 (1937).

aux possibilités, en me projetant dans le futur ou en faisant des liens entre passé, présent et futur. Je préfère saisir l'information d'une manière globale et sur le plan conceptuel, plutôt que de façon pragmatique, concrète et mesurable. C'est un acquis, non un caractère inné et ancré en un être intérieur profondément caché.

Toujours pour m'adapter, et en l'occurrence pour prendre mes décisions, j'utilise davantage la pensée (T) que les sentiments (F). Je privilégie donc les critères logiques à ceux trop subjectifs. Là encore, puis-je y voir une identité ? Non bien-sûr, seulement un trait de ma personnalité.

Enfin, l'attitude qui influence le plus ma façon d'organiser ma vie est la perception (P), cherchant l'adaptabilité, la variabilité (à l'inverse de ceux qui utilise le jugement J).

Cette analyse suivant ces quatre dimensions ferait de moi, selon la méthode proposée en 1962 par Isabel Briggs Myers et Katherine Cook Briggs, une personnalité ENTP : Extravertie, iNtuitive, prenanT ses décisions sur la base des pensées, organisant sa vie à partir de sa Perception.

Mais j'ai envie de compléter, convaincu que mon MOI ne rentre pas parfaitement dans l'une des seize cases de leur modèle ! Chacune de nos personnalités n'est-elle pas unique ? Alors je poursuis : je suis davantage créatif que perfectionniste ou appliqué ; je déteste la logique froide et les procédures… En dépit des apparences (dues à mon parcours scolaire et professionnel), je suis plus coopératif que compétitif ; j'ai le sentiment que l'adolescent que je fus a dû s'accrocher, se mesurer intellectuellement et socialement, alors que je ne vis bien que dans le partage et l'empathie. Par ailleurs, je ne suis pas certain de savoir gérer les conflits, étant aussi très émotif. Je peux me passionner pour quelque chose ou quelqu'un, et foncer. Je suis souvent sûr de moi, peut-être trop ou trop souvent.

Il est évident que ces traits de personnalité viennent colorier d'une façon ou d'une autre mes expériences conscientes, et probablement davantage celles dites cognitives-fonctionnelles ξ que les expériences phénoménales ψ. Ce qui deviendra fascinant, dans mes exercices d'observations intérieures, sera de chercher à identifier le trait de personnalité qui se cache derrière telle ou telle pensée-nuage, décision ou action.

Si mes exercices de médiation consistaient à entraîner mon esprit à ne pas systématiquement suivre telle ou telle pensée-nuage, et à plutôt la laisser filer, le travail complémentaire dans lequel je suis ravi aussi de me lancer sera de caractériser parmi elles les pensées EGOtiques, celles dictées par ma personnalité, puis de les laisser disparaître à leur tour.

Des pensées comme : *« je me fiche totalement de porter ou non une Rolex à mon âge »* ; *« puis-je aider financièrement mon fils ? »* ; *« pourquoi autant de concitoyens s'abrutissent-ils devant des émissions comme TPMP ? »*, *« ai-je un quotient intellectuel plus élevé que la moyenne ? »*, *« mon père n'a pas eu une vie heureuse »*, …

Je me lance alors dans l'énumération de quelques comportements ou pensées qui me traversent l'esprit, pour y accoler l'étiquette 'espèce / nature', 'culture' ou 'personnalité' :

- *Je me revendique athée fidèle ou laïc spirituel, c'est-à-dire sans Dieu, mais attaché aux valeurs judéo-chrétiennes* → C'est un point de vue qu'ont aussi quelques autres (voir André Comte-Sponville). Je dirais que c'est culturel.

- *Je note que je continue de bougonner au volant de ma voiture, contre le comportement inadapté de certains automobilistes* → Un comportement chez quelques autres aussi (regrettablement).

- *Je cuisine par obligation, mais pas vraiment (encore) par plaisir* → C'est un trait de ma personnalité.

- *J'adore faire la connaissance des autres et de leur culture (les Navajo en Arizona, les Bantous au Congo, les Pachtounes d'Afghanistan, …)* → C'est un trait culturel.

- *Je suis incapable de tuer un être humain, et je n'ai pas eu à me tester concernant les animaux* → C'est un trait lié à ma nature humaine.

- *Ma libre gestion des conflits aurait davantage rassemblé à la méthode des Bonobos qu'aux règles établies du parfait manager leader* → Trait personnel de ma personnalité !

- *Je n'ai appris à aimer les arbres et à leur parler que sur le tard* → C'est la culture occidentale de l'individu appartenant à l'espèce la plus aboutie qui m'a pollué !

- *Je suis incapable de déambuler nu en société* → Personnel et culturel ?

- *J'ai conscience de tout ceci* → Aspect naturel lié à l'espèce Homo

∞∞∞

Je résume : j'ai, nous avons, une faculté d'attention que j'ai appelée *JEFE* et qui permet d'orienter notre champ de conscience sur telle ou telle image mentale : une image correspondant à la perception du monde extérieur, à une émotion ou à une pensée. La majorité de ces images ou informations sont inconscientes, traitées en dehors de l'espace de travail partagé ETG. C'est notre volonté *JEFE* ou la puissance contenue dans l'information inconsciente (perception de danger, émotion conscientisée lors d'une séance de thérapie, pensée lors d'un raisonnement) qui fait qu'elle parvient à notre conscience. Cela en fait une expérience consciente du *JE*. Ces pensées-nuages témoignent de l'organisation dynamique de mes systèmes psycho-physiques : peut-être ceux liés à ma nature, c'est-à-dire l'espèce humaine, beaucoup relatifs aux groupes socio-culturels auxquels j'ai appartenu, et quelques-uns représentatifs de ma personnalité, de mon *EGO*.

Passionnant, n'est-ce pas ?

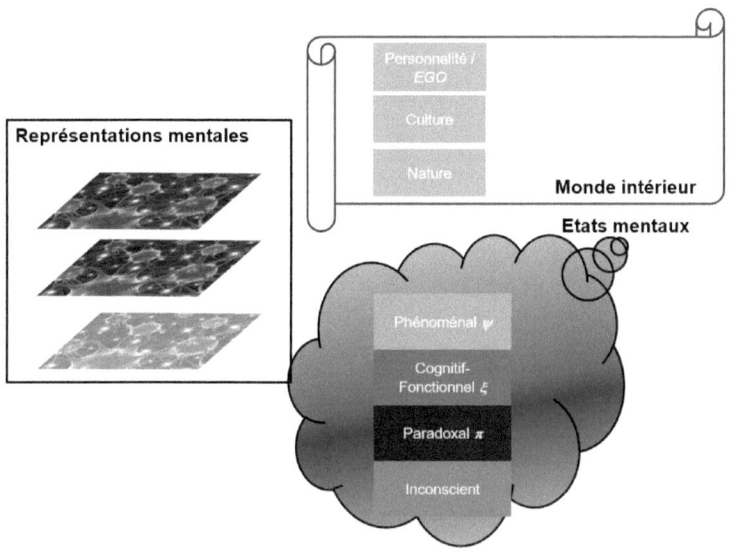

Encyclopédie (modifiée) : l'*EGO* ou le *MOI*

Quand je fais une expérience phénoménologique consciente ψ (je ressens l'effet que cela fait d'être conscient) ou quand j'utilise ma conscience cognitive ξ (je raisonne), les états conscients associés sont ceux du *JE*.

Parmi les expériences conscientes du *JE*, l'on peut trouver aussi des expériences émotionnelles, consistant à transférer l'information émotionnelle inconsciente vers l'Espace de Travail Global partagé (ETG). On développe ainsi une Intelligence *EMO*tionnelle (*EMO*).

Parfois dans ce ciel clair, passent des nuages. Certains d'entre eux sont des expressions psycho-physiques de ma personnalité (l'*EGO* ou le *MOI*), c'est-à-dire de ma fausse identité.

Ce que je comprends aussi, c'est qu'il est possible d'abandonner les conditionnements enchâssés dans ma personnalité (*EGO*) et que c'est ainsi que je me donnerai l'occasion de pousser les formidables portes d'une pièce plus secrète, mon temple intérieur, ma véritable identité.

Jusqu'à présent, la connaissance de soi n'était pour moi, en fait, rien d'autre qu'une vigilance face aux roueries de mon *EGO* : *je ne me débarrasse pas de notre voiture alors que nous pouvons utiliser les transports en commun ; je me dis encore parfois que je mérite mon salaire parce que j'ai réussi le concours d'entrée d'une grande école ; je peux me sentir blessé si l'on ne reconnaît pas mon mérite, la valeur ou mon apport dans un travail, ...*

Dorénavant, plus qu'une vigilance, je chercherai à m'en défaire. Je chercherai à ne pas m'attacher à ce que j'ai probablement considéré comme des pensées et des comportements normaux, et qui était au contraire normatif, mimétique, et parfois égotique. Sous des habits devenus des oripeaux, derrière ma personnalité qui n'est pas ma véritable identité, je chercherai cette substance inconnue, implantée en moi comme dans chaque être humain.

Cette quête va exiger un cheminement interminable et surtout beaucoup d'efforts.

ENCYCLOPEDIE

[...]

Quand je fais une expérience phénoménologique consciente ψ (je ressens l'effet que cela fait d'être conscient) ou quand j'utilise ma conscience cognitive ξ (je raisonne), les états conscients associés sont ceux du *JE*.

Parmi les expériences conscientes du *JE*, l'on peut trouver aussi des expériences émotionnelles, consistant à transférer l'information émotionnelle inconsciente vers l'Espace de Travail Global partagé (ETG). On développe ainsi une Intelligence *EMO*tionnelle (*EMO*).

[...]

l'*EGO* ou le *MOI*

Parfois dans ce ciel clair, passent des nuages. Certains d'entre eux sont des expressions psycho-physiques de ma **personnalité** (l'*EGO* ou le *MOI*), c'est-à-dire de ma **fausse identité**.

Mes observations du jour

« *Les comportements de défense que la personnalité exprime sont censés nous préserver de ce qui pourrait nous mettre en danger. Fuir, se cacher, dissimuler, séduire, attirer, manipuler, s'attacher, vouloir posséder, tenter d'être parfait pour s'imposer, juger, repousser, s'opposer, être en compétition, envahir, agresser, contrôler.* »

Une définition de la personnalité : « *l'organisation dynamique, à l'intérieur de l'individu, des systèmes psycho-physiques qui déterminent son adaptation au milieu d'une manière qui lui est unique.* »

Laisser filer des pensées comme : *je me fiche totalement de porter ou non une Rolex à mon âge ; puis-je aider financièrement mon fils ? Pourquoi autant de concitoyens s'abrutissent-ils devant des émissions comme TPMP ? Ai-je un quotient intellectuel plus élevé que la moyenne ? Mon père n'a pas eu une vie heureuse ...*

Rouerie de l'EGO : *Je ne me débarrasse pas de notre voiture alors que nous pouvons utiliser les transports en commun ; je me dis encore parfois que je mérite mon salaire parce que j'ai réussi le concours d'entrée d'une grande école ; je peux me sentir blessé si l'on ne reconnaît pas ma valeur, mon apport dans un travail, ...*

Ce que mes relations disent de moi...

A l'occasion de mes observations passées, j'ai donc saisi que le savoir est le corpus des notions admises et transmises, qu'il ne représente la réalité que d'une certaine manière : la relation entre tout individu et le monde extérieur. Le savoir demande un apprentissage et il se cumule au fil des générations, constituant ainsi le patrimoine de notre société : le savoir philosophique, le savoir idéologique, le savoir scientifique ou encore le savoir-faire pratique.

Mais j'ai aussi saisi que ces relations au monde extérieur sont... extérieures à moi ! Elles m'ont été enseignées. Je note des exemples dans mon *carnet* :

J'ai reçu l'enseignement selon lequel, contrairement à ma perception visuelle, le soleil ne tourne pas autour de la Terre. J'ai appris que le ciel n'était pas bleu mais que c'est la diffusion de la lumière blanche du soleil par l'atmosphère qui le rendait bleu. J'ai appris que les deux personnes qui se sont occupées de moi jour et nuit alors que j'étais un nourrisson puis un enfant sont mes parents biologiques et qu'ils m'ont donné chacun une moitié de leur ADN.

Or si je m'observe, intimement, je sens que d'autres parties de moi, non corporelles ou organiques, n'existeraient pas non plus si je n'avais pas vécu en relation avec certaines personnes. Je ressens un lien d'existence.

Je n'aurais pas appris et aimé jouer d'un instrument de musique si mon grand-père maternel n'y avait pas consacré des journées entières. Je n'aurais pas appris et aimé la logique des mathématiques si mon professeur au collège n'avait pas donné de son temps et de sa passion. Je n'aurais pas aimé et su aimer si je n'avais pas rencontré Claire…

Parmi mes relations avec le monde extérieur se trouvent celles que j'ai établies avec l'autre, avec le vivant. Et quand nous ressentons ce lien, il n'y a plus de sujet, plus d'objet, mais une relation entre les deux, une dynamique d'évolution ensemble, une co-renaissance. Nous ne voyons plus le 'JE' qu'en relation avec l'autre. Ce qui importe alors, ce n'est pas l'entité isolée, mais l'espace entre les choses, la relation entre les choses… Le lien. Les Homo Sapiens chinois l'ont d'autant saisi que le caractère qu'ils utilisent pour signifier 'Personne' est constitué de deux traits qui s'unissent !

Dans le tableau de Gustav Klimt – le baiser – qui est accroché sur le pan de mur devant moi, l'homme et la femme font aussi un ; aucun n'existe sans l'autre ou plutôt aucun n'existe sans l'espace et la relation entre les deux. C'est ce lien qu'a représenté Klimt.

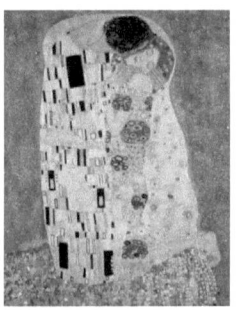

Je pense à un article[28] que je retrouve assez rapidement : « *Alors que plus de 11 millions de bits d'informations sont absorbées par nos cinq sens à chaque seconde, seuls 77 bits d'information seront restitués à notre partie consciente, une demi-seconde plus tard[29]. Le traitement et la sélection de l'information se déroulent en conséquence de façon non consciente. Notre partie consciente gère uniquement les informations que l'inconscient lui a transmises : 77 sur 11 millions...* » Soit 0,0007 %, soit à peine 0,001% selon l'estimation de son auteur.

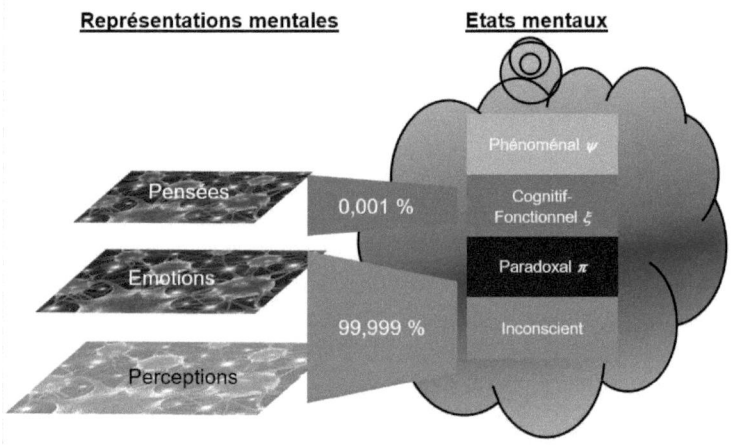

Je saisis alors que l'énorme majorité de mes attitudes, comportements, réactions, affects est câblée dans mon **cerveau reptilien** (lequel aurait environ 400 millions d'années et remonterait à l'époque où des poissons sortirent de l'eau et

---

[28] [28] Anne-Aël Gombert
http://www.viadeo.com/fr/groups/detaildiscussion/?containerId=002118f5rqs5ri6l&forumId=0021y5lbtan6kffx&action=messageDetail&messageId=0029ktnhxv2tobn
[29] Cf travaux des auteurs Tor Norretranders, ou G.W.Farthing.

devinrent batraciens !) ou dans mon **cerveau paléo-mammalien ou limbique** (apparu avec les premiers mammifères il y a 220 millions d'années et dévolu aux principaux comportements instinctifs, à la mémoire et aux émotions).

Je note dans mon *carnet* les réflexions suivantes : *je peux arrêter brièvement de respirer pour ainsi boire de l'eau ; je me retourne dès que j'entends un bruit suspect ; j'éprouve de l'empathie parentale dès que je croise un chiot, un chaton, un enfant ou comme aujourd'hui un marcassin ; je sais lire sur le visage d'un individu s'il va être aimable ou agressif ; j'ai mémorisé mon nom, ma date de naissance et l'adresse de mon habitation ainsi que ceux de mes amis et mes proches...*

Plus de 99% de mes activités mentales, effectuées dans mon cerveau reptilien, paléo-mammalien ou dans le néocortex, ont peut-être été conscientisées dans le passé, mais sont dorénavant quasi-instinctives, automatiques, inconscientes.

Le problème de la conscience est certes difficile[30] mais peut-être... secondaire. A part sa première fonction de parfois contrôler mes activités physiologiques et corporelles, c'est-à-dire de reprendre contrôle là où d'autres êtres vivants sont dirigés par leur instinct, quelle serait la seconde, en fait ? A quoi me sert d'être conscient, aussi, de façon

---

[30] *'The hard problem' selon* David Chalmers, 1995.

phénoménologique ψ, puisque la conscience $(\xi + \psi)$ consomme moins d'un pour cent de mon énergie ? Même questionnement, pris sous un autre angle : je construis ce monde intérieur à partir des expériences cognitives ξ du *JE* lors de l'apprentissage du savoir et du langage ; je le construis en vivant des expériences de perception, d'émotion, de cognition.

Pensée #6 : Est-ce que les expériences phénoménales ψ y contribuent aussi, lors de moments par exemple contemplatifs, méditatifs ou mystiques ?

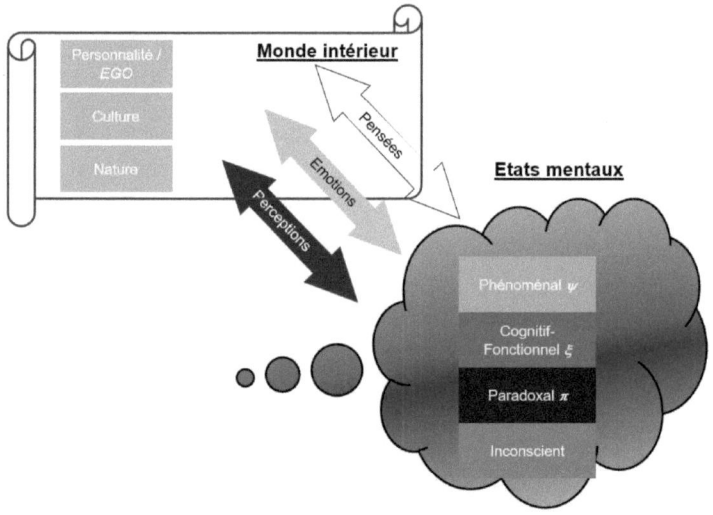

Mes Observations du jour

Je peux arrêter brièvement de respirer pour ainsi boire de l'eau ; je me retourne dès que j'entends un bruit suspect ; j'éprouve de l'empathie parentale dès que je croise un chiot, un chaton, un enfant ou comme aujourd'hui un marcassin ; je sais lire sur le visage d'un individu s'il va être aimable ou agressif ; j'ai mémorisé mon nom, ma date de naissance et l'adresse de mon habitation ainsi que ceux de mes amis et mes proches...

(III) Ce qui est à retenir...

Si les trois types de représentations mentales manipulées par mes états mentaux sont les perceptions de ce que l'environnement extérieur m'envoie, les émotions et les pensées, ...

Si mes états mentaux sont relatifs aux processus inconscients, au sommeil paradoxal et aux expériences conscientes, cognitives-fonctionnelles ou phénoménales, ...

J'observais que des émotions-nuages et pensées-nuages pouvaient assaillir mon champ de conscience, sans avoir identifié d'où elles venaient.

Le travail de ces derniers jours, ainsi que les travaux de psychologues et chercheurs, m'ont permis d'identifier les composantes d'un monde intérieur : ce que donne la nature aux individus de mon espèce, les valeurs et les mènes liées à mes groupes socio-culturels, puis ma personnalité.

La manifestation de mon monde intérieur prend probablement la forme des 'nuages' dont nous avons parlé, pensées ou émotions.

(IV)

JE est une BOUCLE ÉTRANGE

Des intentions,

de la conscience non duale

et des boucles étranges

Même si je ne sais pas comment *JE* construis ce monde intérieur, c'est-à-dire cette subtile organisation dynamique des systèmes psycho-physiques qui déterminent mon adaptation, j'ai l'impression que je cerne un peu mieux ce que je peux éventuellement contrôler dans cette construction et ce que je ne pourrai jamais.

Mais avant de poursuivre plus avant, une chose me dérange foncièrement : pourquoi les scientifiques avancent-ils que l'individu de l'espèce humaine fait deux types d'expériences conscientes (cognitive-fonctionnelle ou phénoménale) alors que je ne ressens pas cette classification apparemment différenciante. Qu'en est-il pour moi, exactement ?

Le rôle des intentions dans tout '*ça*'

J'ai laissé quelques semaines s'écouler, avant de revenir dans la pièce bleue où se trouvent mon bureau et les affiches représentant des œuvres de Klimt. Je voulais vivre mes expériences conscientes, en particulier avec Claire, sans avoir à les analyser de façon systématique, sans avoir à les décortiquer. En l'occurrence, nous nous étions promis de nous offrir quelques jours de congés, loin de l'environnement quotidien.

Cette pause dans l'étude de ma psyché a peut-être permis aux idées conceptuelles de se décanter un peu, de se séparer des matières en suspension qui, devenant inutiles ou impertinentes, se seraient déposées au fond. Qu'avais-je dans la cuve de décantation, avant notre pérégrination à deux ? Elle était emplie d'états mentaux, déterminés par des représentations : les états mentaux correspondant à la perception visuelle, olfactive, gustative, auditive ou tactile, les états mentaux associés à des émotions, et enfin ceux relatifs à mes pensées. L'intensité de conscience varie dans la cuve, correspondant alors à un état conscient paradoxal π, cognitif ξ ou phénoménal ψ.

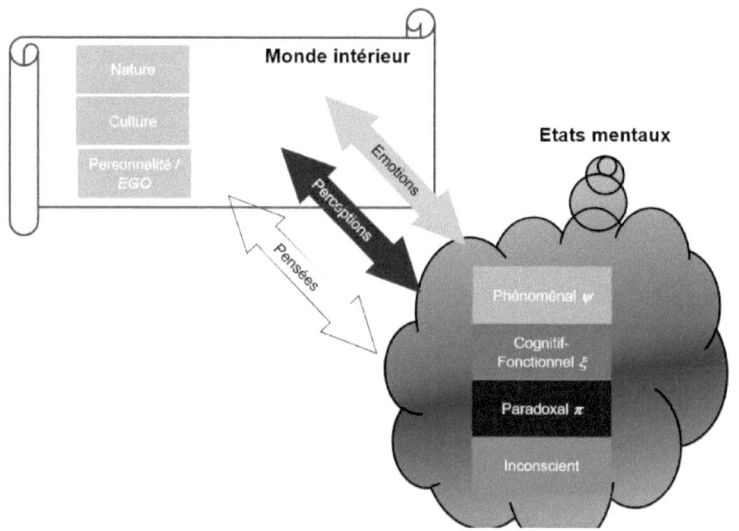

Par ailleurs nous connaîtrions la fonction de la conscience cognitive et fonctionnelle ξ - prendre contrôle de nos attitudes et actions pour ne pas laisser uniquement nos instincts gouverner -, mais pas encore celle de la conscience phénoménale ψ.

Qu'est-ce qui a décanté dans tout *ça* ? Quel spiritueux est apparu, une fois la lie déposée ?

Je me concentre sur mes états conscients : les états cognitifs (comme celui qui me permet de *réfléchir à ce qu'est la conscience* !), les états fonctionnels (ceux qui me permettent de *contrôler ma respiration*) ou les états phénoménaux (par exemple celui qui me permet de *qualifier l'effet sur moi d'un contenu mental sans stress*) et je ressens une continuité, une homogénéité d'expériences ; je ne vis pas une profonde différence entre conscience cognitive et conscience phénoménale. D'ailleurs, je me dis (et nous nous disons tous !) que nous sommes conscients, pas que nous avons une conscience cognitive d'une part et phénoménologique d'autre part.

Pourtant, le philosophe australien David Chalmers, l'américain Joseph Levine ou le français Jacques Mégier (par exemple) ont opté pour la démarche suivante : ne décortiquer, n'analyser que la composante phénoménale ψ de la conscience, sans négliger évidemment sa relation avec la composante cognitive-fonctionnelle ξ. Parce que, selon eux, c'est la plus difficile, et peut-être la seule qui mériterait la qualification de *consciente*.

Qu'en penser ? Devrais-je moi aussi essayer de porter une attention toute particulière à mes états mentaux dont le contenu semble effectivement apporter une réponse factuelle concernant la qualification de l'expérience *phénoménale ?* Pourrais-je trouver une réponse factuelle à la question « *quel effet ce contenu a-t-il sur moi-même ?* », pour des contenus mentaux comme :

- *la représentation d'une mouche qui se cogne contre le verre de la fenêtre,*
- *une tasse de thé fumante, les plaisirs olfactifs du pain grillé et gustatifs du miel,*
- *la contemplation du 'baiser' de Klimt ?*

Je retire mes doigts du clavier, et mon regard de l'écran. Il est temps d'aller me dégourdir les jambes.

∞∞∞

Ah ! l'expérience ici de la marche dans le parc voisin, parfois de la randonnée sur un GR ou de l'excursion en terra incognita ... Lors d'une marche, la réponse factuelle à la question de l'effet est facile, même si mon approche cognitive et les mots utilisés pour me la retranscrire seront réducteurs : *j'adore sentir l'air me caresser le visage ou les mains,* non pas parce qu'il y a une brise ou du vent, mais parce que j'avance ! *Le défilement du paysage qui m'entoure est plus lent, je peux davantage en profiter, le savourer, le (re)découvrir.* S'exercer à la pleine conscience est plus facile, je trouve, en marchant : *je ressens une plante de pied se poser sur le sol, protégée par sa semelle, puis l'autre, puis la première à nouveau, puis l'autre...* Evidemment des pensées-nuage continuent d'apparaître, mais je peux plus facilement les laisser filer, mon pied n'attendant pas une décision courageuse. Hop ! Une plante des pieds se pose une nouvelle fois. Quelle était la pensée ? Pfuitt !

∞∞∞

En revenant dans la pièce bleue, je comprends qu'il me faut à nouveau confronter mon questionnement (relatif au problème difficile de la conscience) à des travaux de recherche. Je parcours par exemple la thèse de Franz Brentano concernant la *psychologie descriptive,* puis celle de Jacques Mégier à propos de la *conscience comme autoreprésentation.*

J'essaie de calquer leur propos sur quelques expériences phénoménales récentes, comme ce que j'ai ressenti lors de :

- *la publication d'un article dans un journal scientifique,*
- *la randonnée dans les Pyrénées pour rejoindre la tour de Massane,*
- *la réception de parrainage d'une élève marocaine, dans la grande école d'ingénieurs dont je suis issu,*
- *le tri et le rangement dans la maison familiale devenue vide, en Sarthe,*
- *l'arrangement d'un lopin de terre, au fond du jardin, pour un futur potager,*
- *la démonstration d'un théorème mathématique,*
- *etc.*

Selon Jacques Mégier et d'autres, il s'agit d'y déceler ou non une intentionnalité. Pourquoi une intentionnalité ? Ce terme désigne la propriété consistant à être dirigé vers quelque chose, ou à avoir un objet. Franz Brentano affirme que « *tout phénomène psychique contient en soi quelque chose à titre d'objet* » et qu' « *aucun phénomène physique ne présente rien de semblable* ».

> **En d'autres termes : tout ce qui est mental est intentionnel et seul ce qui est mental est intentionnel.**

Ainsi selon le philosophe allemand, et il me semble que je suis en train d'abonder dans son sens, lorsque l'on accomplit un acte de représentation - *par exemple, je porte explicitement mon attention sur le travail de la terre* - on se représente *quelque chose*, on associe intentionnellement la représentation visuelle reconstituée dans le cortex spécialisé, à ce *quelque chose* : *les légumes du jardin dans trois ou quatre mois.*

La perception a un objet bien déterminé : *je perçois bel et bien une terre potagère donnant vie et non un simple agglomérat de cailloux, graviers, sables, limons, argile, humus, calcaire.*

De même lorsque l'on porte un jugement, on juge que *quelque chose est* (par exemple : *que la terre est fertile*) ; la perception judicative a un objet.

Enfin, lorsque l'on éprouve un désir, on désire *quelque chose* ou *que quelque chose soit* : *que les légumes soient bien verts*).

Était-ce aussi vrai pour moi ? Ou, pour ne pas utiliser une formule de franc-tireur, ai-je pu aussi en faire véritablement l'expérience ? Y avait-il une intentionnalité, une tension vers quelque chose ou vers un objet, dans mes expériences conscientes d'ascension jusqu'à la tour de Massane, de tri et de rangement dans la maison sarthoise, ou de jardinage d'un potager au fond du jardin ? Je ne peux le certifier, mais à en croire les mots que j'utilise pour les décrire dans mon *carnet*, il semblerait que oui :

- *Dans l'expérience consciente de publication d'un article dans un journal scientifique, le premier objet est évident : l'article en question ; le second est ... moi-même.*
- *Lors de la randonnée dans les Pyrénées pour rejoindre la tour de Massane, je dirai que*

l'objet du phénomène psychique était l'effort et le plaisir associé que j'ai ressenti.

- *Parrainer une élève marocaine est intégralement tourné vers ma filleule, évidemment.*
- *L'expérience de tri et de rangement dans la maison familiale a pour objet... bien des objets de mon enfance.*
- *Le phénomène psychique associé au jardinage d'un lopin de terre au fond du jardin est tendu vers la terre et la magie de ce que l'on peut y faire pousser.*
- *L'objet de l'expérience lors d'une démonstration mathématique est le raisonnement nécessaire, la découverte de la logique.*

∞∞∞

Il y a quelques jours, je me questionnais sur l'éventuelle dualité de ma conscience (exclusivement cognitive **ou** phénoménale ?) et après avoir fait un pas en avant, j'ai l'impression aujourd'hui d'en faire deux en arrière :

- mon expérience de conscience me semblait homogène, continu ; j'ai fait un pas en avant ;
- puis les travaux de chercheurs comme Mégier me font reculer de deux.

En fait, dans les deux cas de conscience (!), il s'agit de déceler une intentionnalité. Pour l'une, la tension est tournée vers l'observé, l'objet ; pour l'autre, elle est tournée vers l'observateur, le sujet, l'être conscient...

Mes Observations du jour (12/06)

Lorsque l'on accomplit un acte de représentation - par exemple, je porte explicitement mon attention sur le travail de la terre - on se représente quelque chose, on associe intentionnellement la représentation visuelle reconstituée dans le cortex spécialisé, à ce quelque chose : les légumes du jardin dans trois ou quatre mois.

La perception a un objet bien déterminé : je perçois bel et bien une terre potagère donnant vie et non un simple agglomérat de cailloux, graviers, sables, limons, argile, humus, calcaire.

De même lorsque l'on porte un jugement, on juge que quelque chose est (par exemple : que la terre est fertile) ; la perception judicative a un objet.

Enfin, lorsque l'on éprouve un désir, on désire quelque chose ou que quelque chose soit : que les légumes soient bien verts).

Dans l'expérience consciente de publication d'un article dans un journal scientifique, le premier objet est évident : l'article en question ; le second est … moi-même.

Lors de la randonnée dans les Pyrénées pour rejoindre la tour de Massane, je dirai que l'objet du phénomène psychique était l'effort et le plaisir associé que j'ai ressenti.

Parrainer une élève marocaine est intégralement tourné vers ma filleule, évidemment.

L'expérience de tri et de rangement dans la maison familiale a pour objet... bien des objets de mon enfance.

Le phénomène psychique associé au jardinage d'un lopin de terre au fond du jardin est tendu vers la terre et la magie de ce que l'on peut y faire pousser.

L'objet de l'expérience lors d'une démonstration mathématique est le raisonnement nécessaire, la découverte de la logique.

Alors ? Ma conscience est-elle homogène ou duale ?

Il y a bien longtemps un même 13 juin, une sage-femme vit la première mon visage au front tout plissé, encore tout recouvert de liquide amniotique, de sang et d'enduit cireux blanc, et elle annonça à ma mère : « *Ce sera un intellectuel* ». Ni mes parents à l'époque, ni moi une fois plus 'grand', ne pouvaient vraiment interpréter cette 'annonciation' autrement que comme la prédiction que cet enfant ne sera pas 'manuel'. Et l'épiphanie eut lieu : je ne suis effectivement pas très doué de mes dix doigts, mon *intelligence* étant plus conceptuelle que manuelle.

Presque soixante ans après, je me réveille avec une première représentation mentale à l'esprit : « *la conscience est-elle vraiment duale ? Je n'y crois pas… Ce n'est pas ce qui se reflète dans mes expériences conscientes.* »

Ah nous les hommes et notre besoin de voir (presque) tout de façon duale ou dualiste : l'individu que je suis est de genre soit masculin, soit féminin ; la théière sur la table est soit chaude, soit froide ; le président de la République est soit de gauche, soit de droite ; la conscience est cognitive ou phénoménale ; je suis manuel (doué de mon corps) ou intellectuel (doué de raison !).

Ce matin, devant ma tasse de thé ni bouillante ni glaciale, je lis que « *la **dualité** est le caractère de ce qui est composé de deux (ou plusieurs) éléments opposés mais inséparables. Par exemple, on peut dire que la création est **duale** dans le sens où il n'y a pas de blanc sans noir, pas d'ombre sans lumière, pas* *de plein sans vide ; le **dualisme** est l'affirmation que cette dualité recouvre des éléments de nature trop différente pour pouvoir être conciliés (à noter que le contraire du dualisme est le monisme).* »

Ma conscience, notre conscience, est-elle duale, dualiste ou une ? Si je reprends l'analyse des manifestations de ma conscience phénoménale, je leur trouve un aspect qualitatif (par exemple, la qualité 'bleu' du ciel sans nuage) et un aspect subjectif (cette qualité est consciemment perçue par moi, selon ma propre perspective). Ces états conscients de type ψ relèvent en ce sens non seulement de l'effet que le contenu mental fait, mais aussi, et plus adéquatement, de l'effet que cela fait **pour moi.**

Je trouve passionnantes les analyses de la psyché, proposées par Thomas Nagel, Ned Block, Uriah Kriegel ou Jacques Mégier : elles m'aident à décortiquer mes propres expériences de conscience. Par exemple, le chercheur en psychologie phénoménale Uriah Kriegel propose de considérer que la conscience phénoménale est composée d'un aspect qualitatif et d'un aspect subjectif. Selon lui, aux états mentaux correspondent :

- une représentation mentale de la qualité de l'objet (objet extérieur et perçu, ou objet mental comme un désir, une émotion, une pensée),
- une représentation mentale de moi-même.

Jacques Mégier, lui, décrit ce qu'est une autoreprésentation et insiste sur son importance : « *ce qui rend une représentation consciente vient du fait que la structure représentationnelle qui porte le contenu phénoménal est à penser comme la représentation de cette représentation par elle-même, suivant une intentionnalité duale, dirigée vers l'objet représenté et en même temps vers elle-même. »*

Jacques Mégier propose donc une explication à ce qui distingue une représentation mentale **inconsciente** de sa grande sœur **consciente** : l'autoreprésentation. Pour ce faire, il s'appuie sur l'intentionnalité de F. Brentano (« *tout ce qui est mental est intentionnel et seul ce qui est mental est intentionnel* ») mais va encore plus loin :

Un phénomène mental est conscient lorsque l'intention associée est duale ; la représentation est aussi représentée par elle-même ; c'est une autoreprésentation.

Autoreprésentation, représentation de cette représentation par elle-même… Tout ceci me semble à la fois vertigineux et bien mystérieux. Quels exemples pourrais-je trouver dans la vie de tous les jours ? Le premier qui me vient à l'esprit est l'autoportrait, comme celui de Dürer ou de Van Gogh.

Chacun de ces deux tableaux est bien-sûr une représentation picturale dans laquelle le peintre s'est lui-même représenté. Mais il ne s'agit pas d'une représentation **par elle-même** de ce quelque chose à représenter, mais d'une représentation **par l'artiste peintre**.

On approche certainement davantage du concept d'autoreprésentation de Jacques Mégier avec la mise en abyme, comme celle de La vache qui rit® : la représentation est à la fois tournée vers l'objet (une vache qui rit) et vers elle-même (une copie plus petite sous forme de boucles d'oreille). Bien que ce ne soit pas le cas avec La vache qui rit®, ni avec ma conscience, l'autoreprésentation peut boucler à l'infini.

Puis je pense à des phrases auto-référentes comme « *cette phrase compte cinq mots* » (elle compte effectivement cinq mots), « *F est la première lettre de cette phrase* » (F est bien la première lettre), « *j'écris que j'écris* »... Je pense aussi à une autoreprésentation picturale comme le tableau contraire à celui de René Magritte, '*la trahison des images*': celui ci-dessous, dont le titre serait alors '*autoreprésentation en image*', représente bien une pipe.

Pour revenir à ce qui m'intéresse - les autoreprésentations mentales – je reprends un raisonnement déjà entamé précédemment, que je tente ici de poursuivre :

- si les travaux des neuroscientifiques comme Stanislas Dehaene sont validés,
- si le code neural est porté par une population de neurones formant un espace vectoriel et
- si une représentation mentale peut être schématisée comme un point x dans cet espace ...
- alors la représentation de cette représentation, y, est un autre point en relation $\mathcal{R}$ avec x : $y\mathcal{R}x$

Dans ce modèle, une autoreprésentation serait une relation entre deux points x et y d'un espace vectoriel. Il peut paraître un peu trop abstrait, n'expliquant pas à quoi correspond la relation $\mathcal{R}$, mais c'est un modèle !

Je poursuis néanmoins... Si les neuroscientifiques ont raison, mes représentations x et y sont comme deux points dans l'espace vectoriel associé à la population des neurones activés. Dans le cahier qui m'accompagne depuis quelques jours, je ne me peux m'empêcher de griffonner ce qui suit :

> *Soient x et y deux représentations mentales,*
>
> *x représente :*
> *un objet extérieur et perçu (x ∈ {perception}),*
> *une émotion (x ∈ {émotion}),*
> *ou une pensée (x ∈ {pensée}).*
>
> *yRx signifie que y est la représentation de x par*
> *elle-même, suivant une intentionnalité duale,*
> *vers l'objet représenté et vers x.*

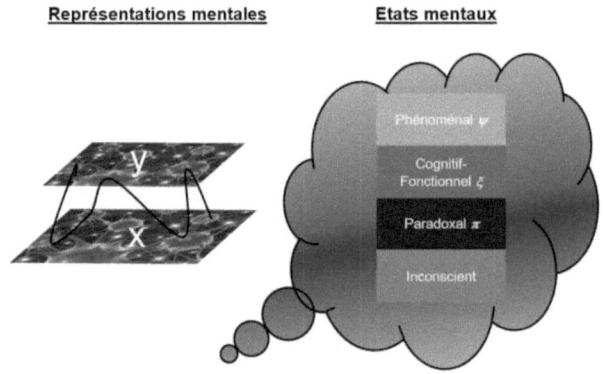

En matière d'autoreprésentation ou d'auto-référence, l'auteur le plus connu est probablement Douglas Hofstadter, avec *'Gödel, Escher et Bach - - Les Brins D'une Guirlande Éternelle'*, puis *'Je suis une boucle étrange'*. Dans ce dernier, il ouvre la réflexion en décrivant deux phénomènes courants de rétroaction :

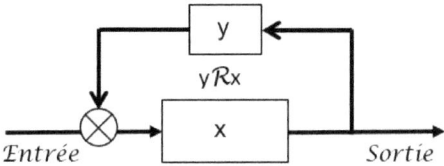

celui du feedback audio (connu aussi comme l'effet Larsen) et celui du feedback vidéo.

Le premier a trait à ce sifflement inaudible qui se produit lorsque le micro se trouve placé trop près des enceintes acoustiques : le son amplifié est capté par le micro et ressort encore plus fort avant d'être à nouveau capté par ce micro, ainsi de suite. A partir d'un certain moment, ce cercle vicieux donne lieu à une sifflement suraigu insupportable pour l'auditoire.

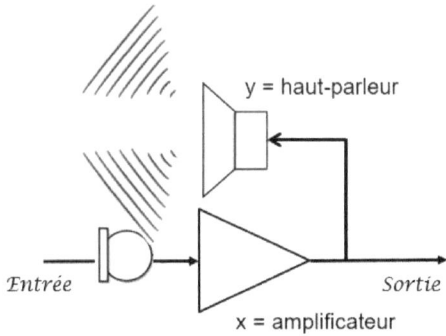

Quant au feedback vidéo, il résulte du pointage de la caméra sur l'écran auquel elle est connectée. Notons que ce geste ne s'effectue pas facilement, il existe une sorte de méfiance qui nous fait craindre une détérioration du matériel. Il n'y a cependant aucun danger à explorer un feedback vidéo ordinaire dans la mesure où les caméras ne sont pas des amplificateurs de l'intensité lumineuse. Il n'existe donc pas de risque de voir des pixels de l'écran devenir de plus en plus brillants jusqu'à ce que l'écran fonde...

Si je garde l'analogie de la boucle de rétroaction ou feedback pour tenter de comprendre ce que pourrait être une autoreprésentation mentale, je le formulerai alors ainsi : le cerveau construit la représentation mentale x à partir d'un flux (par exemple le flux de données correspondant à la perception d'un ciel bleu), x restant en dehors du champ de la conscience. Puis, grâce à un phénomène mystérieux et fascinant, se créé une autoreprésentation y représentant x ($y\mathcal{R}x$) par elle-même, c'est-à-dire suivant une intentionnalité duale :

1. tension de l'image neuronale x de ma perception vers l'objet représenté (extérieur ou mental),

2. tension de y vers x $\qquad\qquad \rightarrow y\mathcal{R}x$

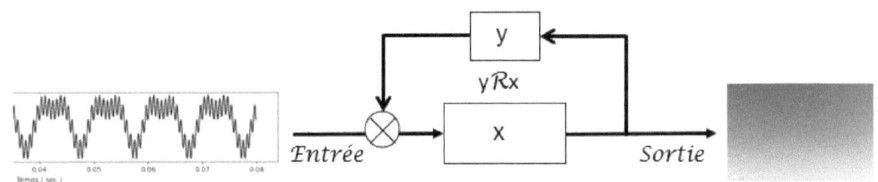

Je réitère, avec cette fois ma randonnée dans les Pyrénées : je me constitue une représentation mentale x probablement à partir des flux sensoriels du toucher (les pieds sur le chemin au travers des semelles), de la vision du sentier, de l'ouïe et de l'odorat. La représentation x devient consciente dès lors que se crée une relation y bouclant sur x lui-même. Et si x est une représentation de **mon** état intérieur et de la qualité de **l'expérience phénoménale** que **je** suis en train de vivre, l'autoreprésentation y$\mathcal{R}x$ apporte une intentionnalité duale :

1. tension de x vers **mon** état intérieur grâce à la qualité de ma randonnée,
2. tension de y vers x $\rightarrow$ y$\mathcal{R}$x

Ainsi, ce qui serait dual dans ma conscience n'est pas l'état mental mais son intentionnalité, sa double tension vers un objet (externe ou interne) ainsi que vers la représentation initiale. Je complète vite mon encyclopédie pour la maintenir à jour, quitte à la modifier ensuite.

> **Encyclopédie : DUALITE de la CONSCIENCE ?**
>
> *Ce qui pourrait être duale dans la conscience est son intentionnalité : une première intentionnalité contenue dans la représentation initiale x et tournée vers l'objet de la perception, de l'émotion ou de la pensée, et une seconde contenue dans y et tendue vers x.*

Jacques Mégier le formule ainsi : « *l'autoreprésentation d'un état mental est la condition nécessaire pour qu'il soit conscient ; l'aspect subjectif de la conscience phénoménale est porté par l'autoreprésentation. Ainsi la composante subjective est la condition d'existence de la conscience phénoménale, tandis que sa composante qualitative, qui a pour effet de nous faire accéder aux différentes sortes d'expériences, en constitue la condition d'identité.* »

Incroyable, non ? Finalement, avec de tels travaux, pourrions-nous approcher de la compréhension de la conscience ? Il y est avancé que le cerveau, avec son architecture de neurones, est peut-être capable de constituer une représentation mentale x à partir du flux de données captées des sens (la perception), du système limbique (les affects et émotions) ou de la mémoire. La représentation mentale et *intentionnelle* x reste inconsciente tant que son intentionnalité est univoque. Si, par un mécanisme fabuleux probablement extérieur au cerveau, la représentation initiale x peut s'enrichir d'une auto-référence, devenant ainsi autoreprésentation, elle devient alors consciente. Je n'en reviens toujours pas...

Encyclopédie : QU'EST-CE que la CONSCIENCE ?

La représentation mentale et intentionnelle x reste inconsciente tant que son intentionnalité est univoque. Si, par un mécanisme fabuleux probablement extérieur au cerveau, la représentation initiale x peut s'enrichir d'une auto-référence, devenant ainsi auto-représentation, elle devient alors consciente.

La CONSCIENCE est la faculté de créer des autoreprésentations ou boucles de rétroaction.

∞∞∞∞

A nouveau, comme d'habitude, j'ai besoin de vérifier, ou tout du moins de tenter d'appliquer tout ceci à mes expériences. Par exemple, si je lis un ouvrage comme '*Le chemin des anges - Ma traversée d'Israël à pied*', de **Linda Bortoletto**, mon expérience consciente est cognitive, intégrant dans mes représentations mentales les qualités de la randonnée que l'**auteure** décrit ; a contrario, lorsque **je** randonne dans les Pyrénées (jusqu'à la tour de Massane), mon expérience consciente est différente, en ce qu'elle intègre un autre aspect et la représentation mentale associée : **moi.** Cela ne veut nullement dire que les qualités moins personnelles décrites par Linda Bertoletto ne déclenchent pas en moi une réponse de mon système de perception mais que ce qui est absent dans mon expérience de lecture est le **pour moi,** l'effet que cela fait **pour moi.**

Je poursuis avec un autre type d'expérience : la démonstration d'un théorème mathématique (celui de Pythagore pour faire simple) ou la résolution d'une équation. Si je lis la démonstration donnée par quelqu'un d'autre, un enseignant, je vis une expérience cognitive, tentant de mémoriser la logique suivie ; l'autoreprésentation est tendue vers le raisonnement. Si je me lance moi dans la recherche déductive, je vis une expérience phénoménale et ce qui compte est la qualité de mon état intérieur, la jouissance intellectuelle de réussir ; l'autoreprésentation est tendue vers mon état intérieur.

Je complète ma figure avec ce que je viens de comprendre, en ajoutant que l'autoreprésentation y est orientée vers la représentation initiale x, laquelle est orientée vers l'objet perçu ou vers la pensée dans le cas de la conscience cognitive-fonctionnelle, et vers moi-même dans le cas de la conscience phénoménale :

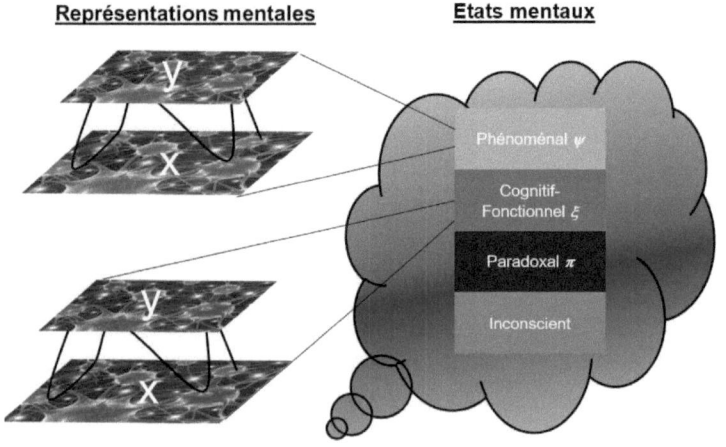

Un petit détour dans le vestibule des pensées en suspens me permet de reprendre les pensées #1 et #2 :

1. ~~Peut-on être dans un état conscient cognitif~~ **~~et~~** ~~phénoménal ?~~ A priori, il est difficile de concevoir une représentation de représentation tournée vers l'objet initial (état cognitif) **et** vers mon état intérieur (état phénoménal) ;

2. ~~Ai-je conscience uniquement de ce sur quoi je porte mon attention ?~~ Selon ces chercheurs, j'ai conscience uniquement de ce qui peut devenir une autoreprésentation. Porter son attention sur une représentation mentale consiste peut-être à l'auto-représenter.

Vestibule : pensées #1 et #2

*« ~~Peut-on être dans un état conscient cognitif~~ **~~et~~** ~~phénoménal ?~~ » A priori, il est difficile de concevoir une représentation de représentation tournée vers l'objet initial (état cognitif) **et** vers mon état intérieur (état phénoménal) ;*

« ~~Ai-je conscience uniquement de ce sur quoi je porte mon attention ?~~ » Porter son attention sur une représentation mentale consiste peut-être à l'auto-représenter.

∞∞∞

Ainsi la conscience reste une ; elle n'est ni duale, ni triple, ni quadruple... Ce qui est éventuellement dual en elle est le fait qu'elle construise des représentations mentales à double intentionnalité (ou autoreprésentations). Comme une boucle de rétroaction, une boucle de feedback.

Je me souviens alors de la réflexion[31] de Philippe Guillemant concernant le même sujet : « *Le mécanisme naturel de feedback au sein de ces réseaux complexes d'information est propre à toute la Réalité manifestée. Même un atome manifesté est conscience, non pas parce qu'il posséderait une conscience individuelle mais parce qu'il permet ces boucles de feedback entre l'information de ce qui l'entoure et celle qu'il encode.* »

Ainsi, nous pourrions presque dire que tout est conscience, même s'il est utile, néanmoins, de la catégoriser. C'est ce que font Philippe Guillemant ou Jean-François Houssais, en introduisant par exemple trois niveaux de conscience : « *la **conscience primaire (type I)** dont le domaine d'application est le non-être, à savoir le devenir permanent avec son caractère aléatoire et transitoire, sa nature non réflexive, son rôle clé dans l'interaction matière-énergie et l'évolution fonctionnelle des formes de vie ; la **conscience réflexive ordinaire (type II)** sélectionnée chez l'homme dans son adaptation de vie au milieu de la matière ordinaire, et **la conscience réflexive lucide (type III)** dont la perception, qui peut être accessible à l'espèce humaine, conduit l'être humain à accéder aux autres niveaux de matière-énergie de l'univers et, au-delà, vers le manifesté céleste.* »[32]

---

[31] Philippe Guillemant, 'La physique de la Conscience'.
[32] Jean-François Houssais, 'Les trois niveaux de conscience'

Bernard Werber évoque aussi des niveaux de conscience : « *Le 1: c'est le stade minéral. Ce n'est qu'un trait. C'est l'immobilité. C'est le début. Être, simplement être, ici et maintenant, sans penser. C'est le premier niveau de conscience. Quelque chose est là, qui ne pense pas. Le 2 : c'est le stade végétal. La partie inférieure est composée d'un trait, le végétal est donc attaché à la terre. Le végétal ne peut bouger son pied, il est esclave du sol, mais il est doté d'une courbe en son haut. Le végétal aime le ciel et la lumière, et c'est pour eux que la fleur se fait belle dans sa partie supérieure. Le 3 : c'est le stade animal. Il n'y a plus de trait. L'animal s'est détaché de la terre. Il peut se mouvoir. Il y a deux boucles, il aime en haut et en bas... »*

Cela aurait-il un sens de comparer **leurs niveaux de conscience** avec **mes degrés d'intensité** ?

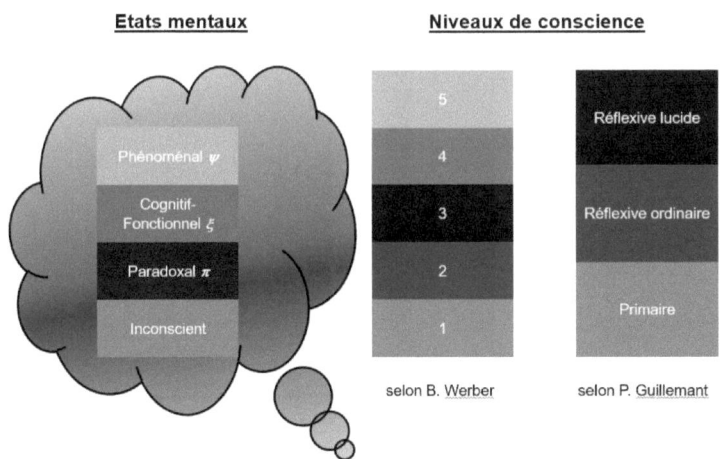

Peut-être, si tant est que toutes ces propositions de modélisation de la conscience aient une valeur scientifique. De toute façon, ce n'est pas l'objet de mon étude. Je ne retiens qu'une chose : mes expériences conscientes ont une forme de graduation, que cette dernière soit due à la conscience elle-même (et à ses niveaux) ou aux représentations mentales plus ou moins complexes.

Encyclopédie : DEGRES d'INTENSITE de CONSCIENCE

Quand je fais une expérience phénoménologique consciente ψ (je perçois l'effet que cela fait d'être conscient) ou quand j'utilise ma conscience d'accès ξ, les états conscients associés sont ceux du JE. Ces états conscients ont peut-être différents degrés d'INTENSITE.

Mes expériences conscientes ont une forme de graduation, que cette dernière soit due à la conscience elle-même (et à ses niveaux) ou aux représentations mentales plus ou moins complexes.

∞∞∞∞

Pour résumer, tous les travaux que j'ai utilisés aujourd'hui m'ont certes ramené sur la distinction entre conscience et inconscience, mais ils m'ont surtout éclairé sur les niveaux de conscience : primaire/animale, cognitive, phénoménale... L'apparente dualité de la conscience présentée par certains (cognitive ξ versus phénoménale ψ) n'en est pas une: l'autoreprésentation mentale et consciente est soit relative à l'objet perçu, l'émotion ou la pensée (lors d'un état ξ), soit à la qualité de mon état intérieur (lors d'un état ψ).

Ces propositions confirment-elles que l'expérience phénoménale serait plus riche, plus intense que celle qui ne serait que cognitive et fonctionnelle ? Je n'en suis pas certain ; elles ne démontrent pas, elles annoncent. Mais je suis certain qu'il vaut mieux vivre ce que l'on a à vivre et à connaître (expériences phénoménales) que de vivre par procuration, dans la cognition ou le savoir (expériences cognitives). Les meilleures recettes de la vie sont celles que l'on fait soi-même ! « *La connaissance s'acquiert par l'expérience, tout le reste n'est que de l'information* », disait déjà Albert Einstein !

Selon le philosophe indien Patanjali, s'identifier à ses activités psychiques est un phénomène psychologique qui empêche le principe de conscience de s'établir en sa propre forme. Je vais plus loin : avoir seulement une approche cognitive des expériences phénoménales l'empêche aussi.

∞∞∞∞

J'ouvre à nouveau les ouvrages '*Je suis une boucle étrange*' de Douglas Hofstadter et '*La conscience a-t-elle une origine ?*' de Michel Bitbol. Si le premier auteur me rassure – mon cerveau est effectivement incapable de discerner ses niveaux inférieurs, c'est-à-dire les niveaux d'activité neuronale, il est incapable de scruter *sous* le niveau des symboles, d'appréhender les niveaux d'abstraction moindre -, le dernier, Michel Bitbol, me prévient : « *le sujet ne peut jamais se détacher de son questionnement sur la conscience, parce qu'il fait entièrement partie de ce questionnement. Questionnement qui n'est d'ailleurs rendu possible que par la conscience. Ainsi, l'expérience consciente crée-t-elle une configuration vertigineusement autoréférentielle. Mais percevoir clairement cela nécessite un nouvel état de conscience, considérablement élargi par rapport à celui qui est le nôtre le plus souvent... »*

Je ne pourrai jamais me détacher de mon questionnement...

Serais-je moi aussi une boucle étrange ?

La nuit a été courte, je ne réussissais pas à m'endormir. Je ressassais les explications de la veille, en boucle.

En boucle étrange que je suis, comme dirait Douglas Hofstadter.

Ce matin, je vois encore des boucles un peu partout : les cheveux bouclés de Claire, les trois miroirs circulaires de notre salle de bain, la queue d'Agathe, l'anse de ma tasse, les volutes qui s'en échappent, les deux cercles de mes lunettes...

Quand j'entre enfin dans la pièce bleue, celle qui est devenue mon nid ces deux derniers mois, j'entreprends un exercice auquel je pourrais presque m'adonner plus régulièrement : faire venir à ma conscience alternativement une représentation mentale, celle rendue accessible à l'instant, puis la représentation de mon état intérieur, de ce que je ressens. Aussitôt assis dans la pièce, je commence :

- je fais venir une des représentations conscientes disponibles - la perception visuelle du papier peint, bleu -, puis l'état intérieur crée par la couleur bleue ;
- puis je fais venir la perception du tableau 'Les Nymphéas' de Claude Monnet, accroché sur le pan septentrional, suivi de l'état intérieur toujours suscité par le bleu ;

- puis je laisse venir la pensée de la vierge Marie, en habit bleu, et je me replonge à nouveau dans l'expérience phénoménale créée par le bleu...

Faire entrer dans mon espace conscient une représentation associée à une perception (*visualiser le papier peint*), un affect (*ressentir la tristesse d'un tableau*) ou une pensée (*cette œuvre est de Claude Monnet*), c'est me préparer à l'analyser, la décortiquer, pour agir en conséquence de ce qu'elle a pu déclencher ; c'est être dans le savoir et l'action.

Y faire entrer l'état intérieur correspondant à mon expérience phénoménale, avec ses qualia, c'est vivre dans l'instant présent, me con-naître en pleine conscience, me relier à une chose de moi plus intime, plus profonde, plus secrète. Peut-être est-ce cela le divin ? Une formule que j'ai beaucoup entendue me revient alors : « *car c'est par sa conscience que l'Homme est relié au divin* ».

Ainsi au fil de mes observations, j'ai saisi d'une part que ma personnalité (l'EGO ou le MOI) était comme une fausse identité et d'autre part que je peux appréhender ma véritable identité par mes expériences phénoménales, par le ressenti de mes états intérieurs.

Encyclopédie : MA véritable IDENTITE

Quand je fais une expérience phénoménologique consciente y (je ressens l'effet que cela fait d'être conscient) ou quand j'utilise ma conscience cognitive x (je raisonne), les états conscients associés sont ceux du JE.

[…]

Parfois dans ce ciel clair, passent des nuages. Certains d'entre eux sont des expressions psycho-physiques de ma personnalité (l'EGO ou le MOI), c'est-à-dire de ma fausse identité.

Ma **véritable identité** est autre ; je peux l'appréhender grâce à mes expériences phénoménales, et leurs qualia.

Pourquoi JE est-il conscient ? Quelle est sa fonction ?

Ce matin, une mouche agitant ses ailes bourdonne et se heurte régulièrement dans le verre d'une des fenêtres. Avant que je ne couche l'observation par écrit dans mon *carnet,* je recevais inconsciemment les signaux sonores et visuels que l'*objet* en mouvement m'envoyait ; l'état mental associé était inconscient et probablement dans une représentation primitive. Puis je *me* rends compte qu'il y a là un objet qui se déplace, accompagné d'un bruit ; mon état mental se transforme et prend en compte une autre représentation : *« il s'agit d'une mouche ».* Que s'est-il passé entre les deux états ? La représentation inconsciente, primitive et spontanée s'est transformée en une représentation mentale peut-être plus sophistiquée, et chargée d'une information consciente.

Comment ? Si j'en crois mes observations et mon analyse d'hier, quelque chose en moi a réussi à créer une autoreprésentation à partir de la représentation initiale déterminant la mouche.

D'accord, mais pourquoi ? Si la seule fonction de ma conscience était de me libérer du contrôle imposé par mes instincts pour me permettre de gouverner mes activités physiologiques ou corporelles, il n'y aurait aucune raison à cette conscientisation.

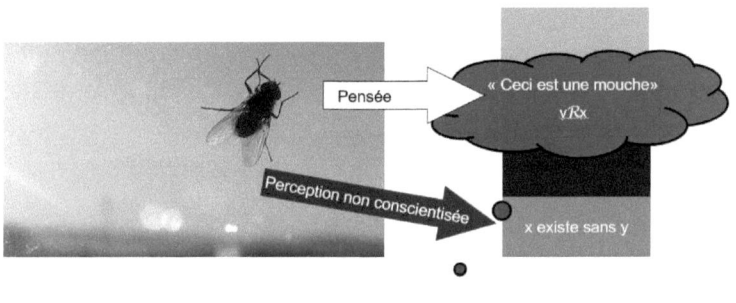

Représentations mentales /
Perception puis Pensée   **Etats conscients**

La plupart des chercheurs en science de la conscience annoncent que le seul objectif de leur recherche est de rendre compte de la composante phénoménale de la conscience : « *pourquoi a-t-il été nécessaire d'ajouter ψ aux fonctions cognitives et comportementales ξ (conscience d'accès) ?* » se demandent-ils.

J'ai bien compris que, des solutions possibles au *problème difficile* de la conscience, émergeraient d'ailleurs d'autres réponses :

- un ordinateur pourra dupliquer à merveille nos fonctions cognitives et comportementales ; s'il ne rend pas compte d'une phénoménalité de type ψ, ses processeurs pourraient alors rester dans la catégorie du non-conscient véritable;
- si la composante phénoménale ψ de la conscience appartient à un autre plan que l'espace-temps à quatre dimensions dont lequel nos corps faits de matière évoluent, les thèses dualistes séparant l'âme et le corps

retrouveraient alors de nouveaux et solides fondements : l'âme et la conscience existeraient indépendamment du corps.

Ainsi la majeure partie de nos (mes) questions ontologiques pourraient trouver une réponse dans celle-ci, essentielle, fondamentale[33] : qu'est-ce que la conscience phénoménologique ψ ? Et surtout quelle est sa fonction ?

Que se passe-t-il de plus, ou de différent, en moi, entre
- l'état inconscient qui reçoit les signaux visuels et auditifs de l'insecte (la représentation x a une seule intentionnalité),
- l'état cognitif ξ qui traite les représentations mentales dans mon espace global ETG pour m'informer qu'il s'agit d'une mouche (la représentation a deux intentionnalités, dont l'une vers x).
- et enfin l'état phénoménal ψ qui, par exemple, me ferait mal vivre l'expérience de l'entendre se cogner contre le verre, et de ressentir le besoin de lui ouvrir la fenêtre ?

---

[33] Enfin... selon des chercheurs comme celui déjà cité : David Chalmers.

Quelle est la fonction de cette expérience phénoménale ψ ?

∞∞∞

Sur mon chemin vers la connaissance, j'ai rencontré un premier écueil : mon utilisation de termes galvaudés, en l'occurrence celui de *conscience*. Pour y remédier, j'ai imité Jacques Megier en introduisant comme lui les composantes : inconsciente, cognitive-fonctionnelle et phénoménale.

Sur le même chemin, s'est trouvé aussi un second écueil : l'utilisation de mots d'une langue vernaculaire[34] ; ils nous éloignent de toute méthode plus rigoureuse et axiomatique,

---

[34] Le Français ou l'Anglais sont pour moi des langues vernaculaires, dans le sens où elles ne sont parlées qu'à l'intérieur d'une communauté d'êtres humains. Elles ne véhiculent rien aux autres espèces du règne vivant.

qui consisterait à déclarer des définitions sans ambiguïté et des axiomes, pour dériver des théorèmes. S'il n'y a pas, j'espère, ambiguïté entre ce que j'ai nommé *représentation inconsciente* et *représentation consciente*, si j'ai aussi opté pour un axiome (à savoir : *tout état mental est déterminé par une forme de représentation*), je suis loin ici de pouvoir, ou de vouloir, avancer des théorèmes !

Je recroise aujourd'hui le troisième écueil : quelle est la véritable fonction des états conscients ? Devant mes questionnements, comme à l'accoutumée je cherche si d'autres individus les ont éventuellement eus et les éléments de réponse qu'ils proposeraient. Concernant la fonction de la conscience et l'évolution de l'espèce humaine, nous savons maintenant que les capacités mentales de nos très, très lointains ancêtres incarnés étaient toutes, conscientes et inconscientes, dévolues à 'traiter' les informations de l'ordre de la survie. Depuis, l'homme a évolué et un individu comme moi peut déléguer une grande partie du traitement de ce type d'information, relative à la survie, à ses processus mentaux inconscients.

Un ex-acupuncteur parisien, très décrié, a réfléchi sur l'évolution de la conscience chez l'être humain, et il a identifié sept stades. Le premier niveau correspond bien à la conscience du corps physique, dense. A l'aube de l'humanité, la conscience pouvait être qualifiée de collective instinctive. La notion d'individu n'existait pas en tant que telle. Un peu comme les animaux, les êtres humains appartenaient à une espèce. Cette conscience collective instinctive faisait qu'ils étaient réellement tous frères et tous très près du Créateur. A ce stade-là, l'être humain incarné était dans l'apprentissage de la création physique, l'apprentissage de ses mécanismes de fonctionnement, dans l'apprentissage des fonctions qui aujourd'hui sont devenues automatiques mais qui, à l'époque, nécessitaient toute son attention et toute sa conscience, non pas individuelle mais collective. Ce premier stade correspondrait au premier niveau de conscience de l'être humain. Depuis bien longtemps, il aurait été intégré et échapperait à mon contrôle.

En repensant à mon enfance ou à celle de mes enfants, me reviennent les souvenirs de notre apprentissage du déplacement à bicyclette, de mes leçons de conduite en auto, ou de mes premières utilisations d'un clavier d'ordinateur. L'individu Homo Sapiens moderne n'est pas l'aboutissement d'un processus évolutif passé, il est encore dedans. J'utilise encore ma conscience pour apprendre des comportements, puis les intégrer dans mon système psycho-physique inconscient.

Je me sens néanmoins soulagé de comprendre que les tâches mentales veillant à bien respirer, à boire, à manger, étaient conscientes mais ne le sont plus ; mes lointains ancêtres ont appris à le déléguer à leurs processus inconscients, leur permettant ainsi de *traiter* un autre plan d'information. Sommes-nous devenus, individuellement, des systèmes d'information capables de traiter davantage de représentations mentales ? Ou avons-nous seulement un peu moins besoin de leur traitement instinctif et animal, pour ainsi consacrer davantage de notre énergie cérébrale dans les états conscients - cognitifs, fonctionnels ou phénoménaux ?

Je note cette pensée dans le vestibule ad-hoc :

Vestibule : pensée #6

« *L'individu Sapiens moderne a-t-il plus de capacités de traitement de ses représentations mentales ou a-t-il gardé les mêmes que ses lointains ancêtres, mais changé de focus ?*»

Par ailleurs, je me souviens que dans '*The Emperor's new mind*', Roger Penrose écrit en substance que :
- les êtres conscients ont la capacité d'apprendre et de développer leurs connaissances dans différents domaines de la vie, ce qui leur confère une aura de grandeur et d'intelligence alors que les êtres inconscients sont incapables d'évoluer consciemment pour se libérer du contrôle total des instincts naturels qui les poussent à conserver les mêmes schémas et modes de vie depuis leur première existence sur terre ;
- la conscience humaine est la caractéristique la plus efficace qui donne à l'humain la capacité de se développer et de grandir mentalement, socialement et humainement.

Je tiens peut-être là un des éléments que je cherchais : si les états conscients fonctionnels et cognitifs ξ ont pour fonction de me permettre de développer mes savoirs dans différents domaines de la vie, en me libérant du contrôle total que l'instinct ou l'inconscient ont sur mes attitudes et comportements sinon …
… cette libération même partielle (avec moins de 1% de mes activités mentales) ne s'est pas faite en un jour, ni en une seule période d'enfance, mais grâce à l'évolution de mon espèce, qui a nécessité des millions d'années.

Bien que la fonction intrinsèque de la conscience phénoménale ψ soit moins claire, je me dis que la fonction de la conscience en général (cognitive-fonctionnelle ξ et phénoménale ψ) est de donner du sens à nos actes. L'exemple qui suit et que j'aime beaucoup est proposé par l'encyclopédie philosophique[35] : « *dans 'La guerre des étoiles', Luke Skywalker a l'intention consciente d'anéantir le cruel Dark Vador. Mais Luke a aussi une affection inconsciente pour Vador (qui se révélera être son père caché). Dire que l'intention d'anéantir Vador est* consciente*, c'est dire qu'elle est accessible à l'esprit de Luke. Il peut dire cette intention. Il l'inclut aussi comme prémisse dans ses raisonnements (par exemple : 'Je veux anéantir Dark Vador' ; 'Dark Vador est protégé par l'Etoile Noire, donc, je dois détruire l'Etoile Noire'). L'intention sert enfin à motiver rationnellement les actions de Luke, au sens où elle leur donne une raison, que Luke peut citer si on lui demande pourquoi il agit comme il le fait : 'Pourquoi attaques-tu Dark Vador ? – Parce que je veux l'anéantir !'. Par contraste, un état inconscient (comme l'affection de Luke pour Vador) est 'caché' au sujet. Cela ne veut pas dire que cet état n'a pas d'influence sur ses autres pensées et ses actions – c'est bien l'affection inconsciente pour Vador qui empêche Luke de lui porter le coup fatal dans 'Le retour du Jedi' – mais cette influence n'est pas transparente au sujet, et s'exerce hors de son contrôle.* »

La fonction intrinsèque de la conscience (ξ + ψ) est probablement de donner du sens à mes actes ; sinon, c'est-à-dire si cela ne me faisait rien, pourquoi ferais-je quoi que ce

---

[35] https://encyclo-philo.fr/conscience-gp

soit ? En d'autres termes, à quoi me servirait la conscience phénoménale si elle ne contribuait pas aussi à donner du sens, de l'énergie ou de la motivation à mes actes, attitudes, décisions et intentions ?

Ce sont les auteurs d'un fabuleux rapport [36] qui au final vont m'aider. Comme eux, j'ai envie de renverser ces vues classiques selon lesquelles mon expérience subjective ou phénoménale n'est qu'un simple épiphénomène n'offrant aucun avantage fonctionnel, et j'ai plutôt envie de croire que mon expérience phénoménale – « *ce que cela me fait d'être conscient* » – est dotée d'une valeur intrinsèque, précisément la valeur que j'associe à mes expériences, ce qui explique pourquoi je fais certaines choses et j'en évite d'autres. Ces expériences ont de la valeur et guident mon comportement, la conscience ψ a aussi une fonction. Du fait que j'*expérimente* des choses et que je *me soucie* de ces expériences, je suis motivé à agir d'une certaine manière et je préfère certaines choses par rapport à d'autres.

Si la fonction de la conscience cognitive et fonctionnelle ξ est probablement de me permettre de reprendre contrôle de mes attitudes et comportements, la fonction de la conscience phénoménale ψ est de me motiver à agir.

---

[36] Axel Cleeremans and Catherine Tallon-Baudry, '*Consciousness matters: phenomenal experience has functional value*'

ENCYCLOPEDIE

FONCTION de la CONSCIENCE

Quand je fais une expérience phénoménologique consciente y (je ressens l'effet que cela fait d'être conscient) ou quand j'utilise ma conscience cognitive x (je raisonne), les états conscients associés sont ceux du JE.

[...] Une FONCTION de la CONSCIENCE serait de me permettre d'apprendre, de développer mes savoirs[37] dans différents domaines de la vie, en me libérant du contrôle total de mes attitudes et comportements par l'instinct et l'inconscient.

Une autre FONCTION serait de me motiver à agir.

Je lève les yeux de mon écran et tourne le regard vers l'érable sycomore qui trône (toujours) au milieu de notre jardin. Nous avons dû l'étayer il y a quelques semaines, ce qui lui donne un aspect plus fragile qu'impérieux. La vie en lui pousse ses bourgeons, les premières feuilles sont déjà là. *Notre érable à six troncs me rassérène, sa présence et sa force tranquille m'apaisent. J'en ai tellement conscience que je décide de me lever, de marcher jusqu'à lui puis de l'étreindre.*

---

[37] J'ai remplacé les 'connaissances' de Roger Penrose par les savoirs.

Mes Observations du jour

Ce matin, une mouche agitant ses ailes bourdonne et se heurte régulièrement dans le verre d'une des fenêtres ; ça me fait quelque chose...

Notre érable à six troncs me rassérène, sa présence et sa force tranquille m'apaisent. J'en ai tellement conscience que je décide de me lever, de marcher jusqu'à lui puis de l'étreindre.

Ce qui est à retenir du CHAPITRE IV

Si les trois types de représentations mentales manipulées par mes états mentaux sont les perceptions de ce que l'environnement extérieur m'envoie, les émotions et les pensées, ...

Si mes états mentaux sont relatifs aux processus inconscients, au sommeil paradoxal et aux expériences conscientes, cognitives-fonctionnelles ξ ou phénoménales ψ, ...

Si les représentations mentales, tout particulièrement celles associées à des concepts, et les états conscients me permettent au fil des ans de construire un monde intérieur (les automatismes que me donne la nature, les valeurs et les mènes liées à mes groupes socio-culturels et ma personnalité)...

...La conscience reste une, elle n'est pas duale. Ce qui est dual en elle est le fait qu'elle construise des représentations à double intentionnalité : des autoreprésentations.

Que la conscience soit cognitive ou phénoménale, sa **fonction technicienne** est de transformer des représentations mentales $\varkappa$ inconscientes en autoreprésentations $y\mathcal{R}\varkappa$ conscientes ; une des intentionnalités est tournée vers l'objet de la représentation $\varkappa$ dans le cas de l'expérience cognitive, et vers moi-même, l'observateur ou le sujet dans le cas de l'expérience phénoménale.

La **fonction plus subtile** (ontologique ?) de la conscience est de motiver à apprendre, à comprendre, à agir.

Conclusion

ÊTRE ou ne pas ÊTRE

Ainsi, la conscience possède une fonction. D'une part une fonction technicienne qui transforme des représentations mentales inconscientes en autoreprésentations conscientes, d'autre part une fonction … ontologique.

Cette fonction se décline selon des degrés d'intensité, du degré zéro où l'information est inconsciente, au degré un peu plus élevé de la contemplation, de la conscience phénoménale.

Certains forment l'hypothèse, d'autres prédisent, quelques rares d'entre eux annoncent que la conscience est répartie partout, comme universelle. Ils évoquent alors tantôt le *panpsychisme*[38] , tantôt la *panconscience*[39], tantôt l'Être divin.

Si je dénomme *JE* l'ensemble des expériences conscientes π, ξ et ψ permises par le substrat corporel, puis-je savoir si *JE* persiste, même après la mort de mon corps matériel ? Est-ce que *JE* est, du verbe ÊTRE ?

---

[38] La conception philosophique selon laquelle l'esprit est une propriété ou un aspect fondamental du monde.
[39] une réalité unique, universelle et même intemporelle, faite de pensées.

Est-ce que la conscience, Être divin, me permettrait d'être JE ?

« Qu'est l'être ? » dois-je d'abord me demander.

L'être est l'être, disent la Kabale et toutes les métaphysiques après elle. S'agirait-il donc d'une entité indéfinissable ? Cet aveu d'impuissance m'indiquerait clairement que je ne peux avoir la connaissance, la science de l'être, sinon par le sentiment spontané que j'en ai dans mon for intérieur et par la vision parfois claire, le plus souvent voilée, des phénomènes dont cette essence inconnue est le support nécessaire. Ça ressemble à la difficulté, à l'impuissance pour décrire mes expériences phénoménales.

Ce que les traditions disent, c'est que notre intelligence ne vaut rien pour nous conduire à l'être, elle élabore seulement des raisonnements discursifs et boiteux, dont la conclusion peut être caduque. Il faut avoir recours à l'intuition pour sentir et non comprendre, le véritable frémissement de l'être-vie dont notre corps est le réceptacle.

Vestibule : pensée #7

« L'intuition est-elle une conscience supérieure ? »

Être, être-vie, être primordial, être divin... Je joue avec les mots, comme le font les Hébreux avec le nom indicible : YHWH[40]...
Si l'être, ou du moins l'Être avec une majuscule, est une entité indéfinissable...

---

[40] *Yōḏ* Hē Wāw Hē, le tétragramme à ne pas prononcer.

Si JE peux avoir la connaissance de l'être/Être par le sentiment spontané que j'en ai dans mon for intérieur et par la vision souvent voilée des phénomènes dont cette essence inconnue est le support nécessaire...

La seule chose dont je puisse être certain est qu'il existe un Être à la base de toutes mes expériences du JE.

ENCYCLOPEDIE

ÊTRE :
Il existe un Être à la base de toutes les expériences du *JE*.

De tout temps, les esprits les plus aguerris ont cherché à répondre à cette immense question de son existence ou non et ils ont découvert que ce mystère n'est pas si impénétrable, contrairement aux voies du Seigneur, mais que le chemin de cette *connaissance* est à parcourir par chaque individu. Il ne peut pas être transmis par des concepts et des mots comme sont obligées de le faire toutes les sciences.

Je ne sais si je vais pénétrer le mystère de l'être, mais, grâce à tout ce premier travail introspectif, je sais au moins ceci : il existe encore en moi un mystérieux mélange :

- de croyances en des récits (comme le récit scientifique, dépassant le matérialisme),
- de propos et de comportements émotionnels (dus en l'occurrence à toute présence féminine),
- de stigmates de mon passé (comme mon rapport à l'autorité mal placée),
- d'expériences phénoménales, pures, sans ombre.

Il faudra donc, probablement, que quelque chose en moi meurt, qu'ait lieu un *'suicide existentiel'*.

Je poursuis néanmoins avec - je le reconnais - mon intelligence, mes raisonnements peut-être boiteux, et non mon intuition...

Si l'Être primordial et plus profond existe (ou comme Il existe, selon mon article encyclopédique plus haut), il est voilé par mon monde intérieur plus égotique et de surface, ce que je me suis construit au fil de ma vie pour me protéger ou pour donner un sens à tout ça.

Si l'Être primordial existe, et comme Il existe, sa réalité ultime appartient au seul domaine du vécu, indicible, imprononçable. Du vécu et de son observation avec beaucoup d'attention.

Je ne peux Le définir, je ne peux en acquérir un **savoir**, d'aucuns diront qu'ils ne savent pas lire, juste épeler ; je peux seulement en faire l'expérience, je peux faire **Sa connaissance**.

La conscience, cognitive ou phénoménale, devient alors un attribut de l'Être permettant de vivre ces expériences.

Si je suis mon raisonnement[41], l'être primordial est, par essence ; il est doté de la conscience, cette formidable capacité à créer des autoreprésentations ou représentations à double intentionnalité ; *JE* correspond à l'expérience consciente qu'Il

---

[41] Ah ! Les beautés de la langue française : je suis (du verbe suivre) et non je suis (du verbe être)

permet au sein de ce corps physique, dans ce contexte socio-culturel et spatio-temporel.

Est-ce que *JE* est encore, après la mort ? Selon cette définition, non, puisque *JE* n'est qu'expériences dans ce corps et dans ce contexte.

Est-ce qu'autre chose de 'moi' persiste dans l'au-delà, à part l'Être primordial qui est, d'ailleurs de façon intemporelle, et s'est manifesté dans ce corps ?

> À leur arrivée à Béthanie, Lazare est mort et enterré depuis quatre jours. Avant d'entrer dans la ville, Marthe, la sœur de Lazare, vient à la rencontre de Jésus et lui dit : « Si tu avais été ici, mon frère ne serait pas mort. » Jésus assure à Marthe que son frère ressuscitera et déclare : « Je suis la résurrection et la vie : celui qui croit en moi, encore qu'il soit mort, il vivra. Et quiconque vit, et croit en moi, ne mourra jamais ; crois-tu cela ? » Marthe affirme qu'elle croit vraiment et déclare : « Oui, Seigneur, je crois que tu es le Christ, le Fils de Dieu, qui devait venir au monde. »
> L'Evangile selon Jean, 11: 1-44.

J'ai l'intuition d'un continuum entre JE et l'Être...

J'ai l'intuition qu'un continuum relie les expériences conscientes immanentes à leur source, leur essence.

> *"Ce n'est que lorsque la mort dénoue le nœud et enlève le corps qui enveloppe toute âme vivante que s'ajoute à l'union de la conscience la conscience de l'union. »*
> Gustav Fechner

Ce continuum est tout aussi avéré et authentique que l'est celui de l'Être se manifestant partout, à des degrés divers, en utilisant son attribut de conscience.

> « Que cette Lumière Mystérieuse, ainsi placée au Carrefour du Double Chemin, soit visible aux yeux de l'âme pour notre disparu, qu'elle le guide vers les habitations éternelles, vers la "Ville d'Éternité". Puisse-t-il ou elle se présenter devant le Tribunal du Véridique, le cœur sur la paume, afin qu'il soit pesé dans la Balance de Vérité, et qu'entré en Épervier, il sorte en Phénix. »
> Un extrait du rituel funèbre du rite ancien de Memphis-Misraïm

J'ignore, nous ignorons ce qui est hors du cercle limité de mes/nos constatations. Evitons donc d'affirmer ou de nier avec présomption. Au-delà de la mort commencera pour moi la Nuit Sacrée, dont il serait impie de profaner le mystère. Devant ce mystère, je m'incline humblement, conscient de l'étendue de mon ignorance et de l'infinitude de ce qui dépasse mon savoir.

Epilogue

« *Socrate, selon Nietzche, était un homme mu par une véritable monstruosité par carence. Tous ses instincts n'étaient que négation, abstention, réduction de la vie. Seule sa conscience était créatrice : une conscience qui, au nom d'un optimisme logique effréné, pensait pouvoir justifier rationnellement l'existence. Aussi il a essayé de remonter par la pensée jusqu'aux racines de l'être, afin de mieux le rectifier. Or, remarque Nietzsche, cette quête est vaine. Les théoriciens auront beau creuser indéfiniment, ils ne trouveront jamais le fondement qui justifie l'existence. Mais peu importe : ils continuent de forer, animés par une soif de vérité qu'aucun savoir ne saurait étancher. Les philosophes délirent quand ils croient raisonner. Ce sont des lubriques de l'abstraction. Des nymphomanes de la pensée : ils projettent en elle tout ce qu'ils s'interdisent.* » Nathan Devers.

APPENDICE

Encyclopédie

Le PRÉSENT

Le présent conscient semble avoir une épaisseur, toute personnelle ou subjective. *Une épaisseur qui enfle lorsque l'on est pleinement présent, et qui désenfle lorsque l'on est happé par son quotidien.*

L'INCONSCIENT, JE et JEFE

La majorité des processus mentaux sont INCONSCIENTS.

Quand *JE* fais une expérience phénoménologique consciente y (je perçois l'effet que cela fait d'être conscient) ou quand J'utilise ma conscience d'accès x (je raisonne), les états conscients associés sont ceux du *JE*.

Si quelque chose en moi a le pouvoir d'orienter délibérément mon attention sur telle image mentale plutôt que telle autre, cette faculté sera dénommée *JEFE*.

OBSERVÉ et OBSERVATEUR

L'observateur est le sujet, celui qui est conscient de quelque chose (ici une information, une pensée). L'observé est l'objet, il est l'information conscientisée.

L'observateur peut être INCONSCIENT ou dans l'un des deux états CONSCIENTS : celui de la pensée, du raisonnement, de la cognition (état ξ) et celui de l'expérience phénoménologique (état ψ).

DEGRES d'INTENSITE de CONSCIENCE

Quand je fais une expérience phénoménologique consciente ψ (je perçois l'effet que cela fait d'être conscient) ou quand j'utilise ma conscience d'accès ξ, les états conscients associés sont ceux du JE. Ces états conscients ont peut-être différents degrés d'INTENSITE.

Mes expériences conscientes ont une forme de graduation, que cette dernière soit due à la conscience elle-même (ses niveaux) ou aux représentations mentales plus ou moins complexes.

ESPACE de TRAVAIL GLOBAL (ETG)

L'espace de travail global (ETG) est un espace partagé par tous les processus mentaux i) inconscients et ii) conscients cognitifs-fonctionnels.

REPRESENTATION INCONSCIENTE

Une REPRESENTATION inconsciente est traitée par des processus mentaux non conscients, en dehors donc de l'espace de travail global partagé. Par exemple, la forme des objets qui m'entourent, les sons et le bruit ambiant qui me parviennent correspondent la majorité du temps à des représentations inconscientes.

CONTROLE par la CONSCIENCE

Le cerveau contrôle bien toutes mes fonctions physiologiques et corporelles, mais de façon indirecte, en les médiant. Et le contrôle dont je peux prendre conscience (une conscience cognitive-fonctionnelle ξ) est infime par rapport à tout ce qui est traité par cet organe si puissant et si mystérieux.

EMOTIONS / AFFECTS

Parmi les expériences conscientes du *JE*, l'on peut trouver aussi des expériences émotionnelles, consistant à transférer l'information émotionnelle inconsciente vers l'Espace de Travail Global partagé (ETG). On développe ainsi une Intelligence EMOtionnelle (*EMO*).

PENSEES et PENSEES-NUAGES

La **pensée** est l'activité psychique ou mentale, consciente dans son ensemble mais parfois incontrôlée comme avec les pensées-nuages, et qui recouvre les processus mentaux élaborant des concepts en réponse aux perceptions venues des sens ou aux émotions.

Les pensées aident à apprendre, à jouer, à discourir, à raisonner, à juger. Elles relèvent précisément de la cognition, ce processus mental qui recouvre principalement l'acquisition du savoir et, en premier lieu, du langage.

Des pensées nuages (et, comme je m'en apercevrai plus tard, des émotions nuages) peuvent assombrir ou perturber le tableau mental jusqu'ici plus ou moins **sous contrôle**.

l'*EGO* ou le *MOI*

Parfois dans ce ciel clair, passent des nuages. Certains d'entre eux sont des expressions psycho-physiques de ma **personnalité** (l'*EGO* ou le *MOI*), c'est-à-dire de ma **fausse identité**. Ma **véritable identité** est autre ; je peux l'appréhender grâce à mes expériences phénoménales, et leurs qualia.

L'influence CULTurelle

D'autres pensées-nuages relèvent de la culture (*CULT*).

A l'intérieur de l'individu, ces pensées-nuages reflètent l'organisation dynamique de ses systèmes psycho-physiques, ceux-là mêmes qui déterminent son adaptation au milieu d'une manière qui lui est unique (l'*EGO* ou le *MOI*), ou qui est semblable à quelques autres (*CULT*).

La NATURE

La *NAT*ure est ce qui demeure invariable et communément partagée par l'ensemble des cultures, tandis que la *CULT*ure est la manière particulière dont ce qui tient lieu d'invariant universel est traité par la communauté.

INTENTIONNALITE

« Tout phénomène psychique contient en soi quelque chose à titre d'objet » ; « aucun phénomène physique ne présente rien de semblable ».

En d'autres termes : tout ce qui est mental est intentionnel et seul ce qui est mental est intentionnel.

AUTOREPRESENTATION

« L'autoreprésentation d'un état mental est la condition nécessaire pour qu'il soit conscient ; l'aspect subjectif de la conscience phénoménale est porté par l'autoreprésentation. Ainsi la composante subjective est la condition d'existence de la conscience phénoménale, tandis que sa composante qualitative, qui a pour effet de nous faire accéder aux différentes sortes d'expériences, en constitue la condition d'identité. »

DUALITE de la CONSCIENCE ?

Ce qui pourrait être duale dans la conscience est son intentionnalité : une première intentionnalité contenue dans la représentation initiale x et tournée vers l'objet de la perception, de l'émotion ou de la pensée, et une seconde contenue dans y et tendue vers x.

QU'EST-CE que la CONSCIENCE ?

La représentation mentale et intentionnelle x reste inconsciente tant que son intentionnalité est univoque. Si, par un mécanisme fabuleux probablement extérieur au cerveau, la représentation initiale x peut s'enrichir d'une auto-référence, devenant ainsi auto-représentation, elle devient alors consciente.

La CONSCIENCE est la faculté de créer des autoreprésentations ou boucles de rétroaction.

FONCTION de la CONSCIENCE

Une FONCTION de la CONSCIENCE serait de me permettre d'apprendre, de développer mes savoirs[42] dans différents domaines de la vie, en me libérant du contrôle total de mes attitudes et comportements par l'instinct et l'inconscient.

Une autre FONCTION serait de me motiver à agir.

---

[42] J'ai remplacé les 'connaissances' de Roger Penrose par les savoirs, pour rester cohérent.